Stéphane Garnier

Katzenweisheit

Stéphane Garnier

Katzenweisheit

Inspirationen für ein entspanntes Leben

Aus dem Französischen
von Felix Mayer

Kösel

Sollte diese Publikation Links auf Webseiten Dritter enthalten,
so übernehmen wir für deren Inhalte keine Haftung,
da wir uns diese nicht zu eigen machen, sondern lediglich auf
deren Stand zum Zeitpunkt der Erstveröffentlichung verweisen.

FSC
www.fsc.org
MIX
Papier aus verantwortungsvollen Quellen
FSC® C014496

Verlagsgruppe Random House FSC® N001967

Die Originalausgabe erschien unter dem Titel
»Agir et penser comme un chat« bei Les Éditions de l'Opportun.

in der Verlagsgruppe Random House GmbH,
Neumarkter Str. 28, 81673 München
Umschlag: Weiss Werkstatt, München,
unter Verwendung eines Entwurfs von Magwen (Paris)
Umschlagmotiv: Magwen (Paris)
Satz: Uhl + Massopust, Aalen
Druck und Bindung: GGP Media GmbH, Pößneck
Printed in Germany
ISBN 978-3-466-34700-1
www.koesel.de

Dieses Buch ist auch als E-Book erhältlich.

Für meinen
Kater Ziggy

Inhalt

Einleitung

An manchen Tagen haben wir keine Lust, zur Arbeit zu gehen, die Zeitung zu lesen, uns mit all den Katastrophen zu beschäftigen, die jeden Tag in der Welt passieren, oder uns um unsere Zukunft Gedanken zu machen. Wir wollen uns weder eine Meinung über die jüngsten politischen Reformen bilden, über die wir wieder einmal nur den Kopf schütteln können, noch den nächsten Karriereschritt planen oder ausrechnen, ob wir jemals eine Rente beziehen werden.

Wir wollen uns nicht mit unseren privaten Problemen herumschlagen, die immer auch mit den Problemen unserer Familienangehörigen und Freunde verbunden sind, wir wollen uns nicht schuldig fühlen, wenn wir uns ein heißes Bad einlassen und dadurch der Umwelt schaden, und auch kein schlechtes Gewissen haben, was unsere Ernährung angeht.

Wir wollen uns nur noch zurückziehen, von allem einen Tag lang Abstand nehmen und einfach nur einen Augenblick durchatmen.

Gerade ist mein Kater Ziggy lautlos in mein Arbeitszimmer geschlichen. Er sieht mich augenzwinkernd an, macht einen Satz auf meinen Schreibtisch und streckt sich auf der Tastatur meines Computers aus. Dieses kleine Ritual begleitet uns schon seit Jahren, es stammt aus der Zeit, als ich zum Schreiben noch Hefte benutzte und Ziggy andauernd auf der Kappe meines Kugelschreibers herumkaute. Es ist eine Art Spiel zwischen uns, und ich muss noch immer darüber schmunzeln. Es scheint, als würde er mich einerseits dafür bewundern, dass ich schreibe, und als wolle er mich andererseits mit allen Mitteln daran hindern.

Er stupst mich mit seinen samtweichen Pfoten an, schleicht um meine Beine und räkelt sich auf der Tastatur. Bis vor Kurzem habe ich darin nur Zärtlichkeit und Spielerei gesehen.

Aber vielleicht will er mir damit schon seit vielen Jahren etwas mitteilen. Vielleicht will er mir sagen: »Komm schon, steig doch einfach mal für den Rest des Tages aus!«

Einfach mal aussteigen … Und wenn er dann seine Nase an meinem Hals reibt, merke ich, dass ich auf überhaupt nichts Lust habe. Heute will ich mir weder den Kopf darüber zerbrechen, wie ich meine Rechnungen bezahle, noch mich fragen, wann wohl die Börse das nächste Mal zusammenkracht.

Macht Ziggy sich wegen solcher Dinge etwa Sorgen?

Vielleicht ist das die Botschaft, die er mir seit Jahren vermitteln will: dass ich lernen soll, loszulassen, mich um das Wesentliche zu kümmern und das eigene Wohlergehen an die erste Stelle zu setzen. Ganz so, wie er es macht … Leben wie eine Katze!

Offenkundig haben Katzen ein besseres Leben als wir. Also nehmen wir sie uns zum Vorbild! Genau das habe ich versucht. Ich wollte verstehen, was in ihnen vorgeht, was sie erreichen wollen, wie sie das Leben anpacken. Ohne dass ich jemals darauf geachtet hätte, lag all das seit Jahren vor meinen Augen.

Sowohl im Privaten als auch im Beruflichen können wir unendlich viel von Katzen lernen.

In diesem Büchlein möchte ich Sie dazu einladen, die Lebensweise von Katzen zu entdecken und dadurch zu erfahren, wie Sie ein wenig Abstand vom Alltag gewinnen, Ihr Wohlbefinden steigern und Ihr inneres Lächeln wiederfinden können.

Was sollten wir uns von Katzen abschauen? Welche Anregungen können sie uns geben?

Probieren Sie es aus: Finden Sie zu einer neuen Sicht auf das Leben, indem Sie ab sofort denken und handeln wie ein Katze.

Unsere Freunde, die Katzen …

Am Anfang schuf Gott den Menschen, doch als er erkannte, wie schwach er war, gab er ihm die Katze.

WARREN ECKSTEIN

Selbst die ungepflegtesten Straßenkatzen haben noch immer etwas Vornehmes an sich. Sie müssen niemandem etwas beweisen. Sie sind Katzen, und das genügt.

FRÉDÉRIC VITOUX

Katzen faszinieren uns Menschen seit Anbeginn der Zeiten. Wenn man sie beobachtet und versucht, sie zu verstehen, entdeckt man in ihrer Kraft, ihren Haltungen, ihren Eigenschaften, ihren Gewohnheiten und ihren kleinen Grillen einen ganz besonderen Zauber sowie die Gabe, ein ausgeglichenes und glückliches Leben zu führen.

All diese Stärken, die Katzen von Natur aus besitzen, können auch wir in unserem Alltag nutzen, in beruflichen wie privaten Angelegenheiten.

Katzen folgen einer Lebensphilosophie, die sich auf den ersten Blick in wenigen Worten zusammenfassen lässt: essen, spielen, schlafen, für Behaglichkeit sorgen und nur tun, was einem gefällt. Das ist schon sehr viel im Vergleich zu uns Menschen! Doch bei Weitem noch nicht alles, wie wir im Folgenden sehen werden.

Die Lebenshygiene der Katzen ermöglicht ihnen ein stressfreies Dasein. Denn sie verfolgen stets nur ein einziges Ziel: das eigene Wohlergehen.

Wenn wir sie uns zum Vorbild nehmen und versuchen, ein wenig so zu denken und zu handeln wie sie, eröffnet sich uns eine neue Perspektive. Wir gewinnen eine neue Sicht auf die Welt, sehen auch uns selbst in einem anderen Licht und können uns weiter entfalten.

Seien Sie also herzlich willkommen im Innenleben der Katzen, in ihrer Gedankenwelt und ihrer Philosophie, die uns erlaubt, das Leben so zu schätzen und zu genießen, wie sie es tun.

Katzen sind frei

Wir alle werden in unserem Innersten von denselben Bedürfnissen getrieben. Katzen haben den Mut, sich ganz danach zu richten.

JIM DAVIS

Freiheit, teure Freiheit! Treibt nicht die Sehnsucht nach Freiheit uns alle in jedem Augenblick des Lebens an?

Frei zu sein, uns nach Belieben zu bewegen und nur das zu tun, was uns gefällt, frei zu sein in unserem Handeln, uneingeschränkt unseren Bedürfnissen nachzugehen und unsere Eigenheiten auszuleben, frei zu sein in unserem Tun und unseren Gedanken. Frei!

Paradoxerweise haben wir jedoch eine ausgesprochene Neigung, uns selbst zu behindern und uns Fesseln anzulegen, wie etwa den Kredit, dessentwegen wir immer mehr arbeiten müssen, nutzlose Dinge, die aber in unseren Augen äußerst wertvoll sind, Gewohnheiten, die, ohne dass wir es bemerken, zu Verpflichtungen geworden sind, Menschen, die uns nicht guttun, die zu ertragen wir uns aber weiterhin zwingen … Vielleicht ist es an der Zeit, in unserem Leben einmal gründlich aufzuräumen.

Wie wäre es zum Beispiel, wenn Sie nur an dem festhielten,

was Sie wirklich gern haben, nur noch die Beziehungen pflegen, in denen Sie sich wohlfühlen, und nur noch Dinge tun, für die Sie sich begeistern?

Sie könnten tun, was Ihnen beliebt, und ausschließlich Ihren Bedürfnissen folgen … Jetzt denken Sie vielleicht: »Ein schöner Traum, aber eben doch nur ein Traum.« Nicht so für Katzen. Sie haben sich dafür entschieden, frei zu sein, frei in ihrem Sein, frei in ihrem Haben, und sie nehmen sich die Freiheit, in jedem Augenblick so zu leben, wie es ihnen gerade passt.

Das ganze Wesen der Katzen ist von Freiheit bestimmt. Sie ist bei ihnen mehr als nur eine zweite Natur, sie ist der Kern ihres Lebens. Alles andere kümmert sie im Grunde wenig, während wir Menschen diesem Ideal häufig hinterherlaufen und höchstens ausknobeln, ob und wann wir vielleicht einmal Urlaub nehmen könnten – aber natürlich nur, wenn der Terminkalender es zulässt.

**WOLLEN SIE LEBEN WIE EINE KATZE?
SEIEN SIE FREI WIE DER WIND;
UND TUN SIE NUR, WAS SIE AUCH
WIRKLICH TUN WOLLEN!**

Katzen haben eine starke Ausstrahlung

Selbst wenn wir so reinlich und so voll Zuneigung, so geduldig, würdevoll und mutig wie Katzen wären – wer von uns Menschen könnte wirklich eine Katze sein?

FERNAND MERY

Katzen haben es nicht nötig, zu miauen, überall herumzuspringen oder sich hervorzutun, um auf sich aufmerksam zu machen. Die Gegenwart einer Katze ist spürbar, sobald sie den Raum betritt. Auch wenn sie sich still verhält, verschafft ihr allein ihre Ausstrahlung die Aufmerksamkeit aller Anwesenden.

Wenn eine Katze durchs Wohnzimmer spaziert, drehen wir uns unwillkürlich nach diesem Wesen um, das so zurückhaltend ist und doch eine so starke Persönlichkeit hat. Welche Eleganz, welche Klasse! Wer von uns hätte nicht auch gern eine so magnetische Anziehungskraft?

Aber was genau macht eine Katze, um eine so positive Ausstrahlung zu verbreiten und so viel Bewunderung hervorzurufen?

Nichts. Sie *ist*.

Darin besteht die wichtigste Lektion, die wir von Katzen lernen können und durch die wir ein Mehr an Tierhaftigkeit und Charisma zu gewinnen vermögen: Es genügt, einfach nur zu *sein*!

Wir brauchen uns nicht zu verstecken, uns zu verstellen oder zu lügen, Rollen anzunehmen oder wild mit den Armen herumzufuchteln, um die anderen in unseren Bann zu ziehen … Es reicht, schlicht und einfach nichts zu tun.

Lassen Sie Ihre Persönlichkeit strahlen, als wären Sie ein Sender oder eine Lichtquelle. Mischen Sie sich nicht mehr als nötig in eine Diskussion ein und ergreifen Sie nicht andauernd das Wort, um sich in Szene zu setzen. Damit langweilen Sie die anderen nur. Ihre Zuhörer werden spüren, dass Sie mit Ihren langen Monologen vor allem sich selbst überzeugen oder beruhigen wollen.

Ein solches Verhalten ist das genaue Gegenteil einer starken Ausstrahlung. Damit sind Sie einfach nur allgegenwärtig, belästigen Ihre Mitmenschen oder rauben ihnen schlimmstenfalls den letzten Nerv.

Ist Ihnen schon einmal aufgefallen, dass besonders charismatische Menschen, wie etwa Filmschauspieler mit einer starken Leinwandpräsenz, in ihrem Spiel niemals übertreiben? Sie beweisen in allen ihren Äußerungen wie auch in ihrem Auftreten eine gewisse Nüchternheit.

Menschen mit starker Ausstrahlung sind keinesfalls exzentrisch. Sie sind präsent, bewahren aber stets ein Mindestmaß an Zurückhaltung.

Ausstrahlung entsteht nach und nach, indem man ehrlich im Umgang mit sich selbst und den anderen bleibt, sich so annimmt, wie man ist, ohne Kunstgriffe anzuwenden, die das tatsächliche Wesen der eigenen Persönlichkeit überspielen.

Wir alle können eine solche – in mehrfacher Hinsicht – anziehende Persönlichkeit entwickeln, indem wir ganz einfach, so wie Katzen, in jeder Situation wir selbst bleiben.

WENN SIE DEN RAUM MIT IHRER GEGENWART UND IHRER AUSSTRAHLUNG FÜLLEN WOLLEN, DANN SEIEN SIE AUFRICHTIG UND ZURÜCKHALTEND, UNKOMPLIZIERT UND DIREKT.

DER TAGESABLAUF EINER KATZE

Folgen Sie dem Tagesablauf einer Katze Schritt für Schritt – und Sie werden sich spürbar wohler fühlen!

7.30 UHR: DER WECKER KLINGELT.

- Viele von uns können nach dem Aufwachen noch keinen klaren Gedanken fassen und erleben das Aufstehen als Qual. Zeit für ein bisschen Morgengymnastik! Wie beginnt eine Katze ihren Tag?
- Sie schießt nicht aus ihrem Körbchen wie ein Springteufel aus seiner Schachtel. Das schadet sowohl dem Körper als auch dem Gemüt. Sie streckt und räkelt sich, öffnet ganz gemächlich die Augen und nimmt sich all die Zeit, die sie braucht, um wach zu werden.
- Strecken Sie sich, gähnen Sie … Kein Grund zur Hast. Eine Katze streckt sich, während sie noch liegt, erhebt sich dann, macht einen Buckel, streckt sich erneut und gähnt so stark, dass sie sich fast den Unterkiefer ausrenkt. Dann setzt sie sich und sieht sich augenzwinkernd um.
- Ich habe es ausprobiert und den Tag wie meine Katze begonnen. Das ist weitaus angenehmer, als aus dem Bett zu springen und dann in die Küche Richtung Kaffeemaschine zu hasten.
- Solch ausgiebiges Strecken und Gähnen lässt sich bei den meisten Tieren beobachten. Wir Menschen unterdrücken diese instinktive Verhaltensweise leider allzu oft, obwohl sie für ein gesundes Aufwachen und einen gelungenen Start in den Tag sorgt.

Katzen bewahren die Ruhe (meistens jedenfalls)

Eine sitzende Katze ist der Inbegriff der Ruhe.

RENÉ CHAR

Stress ist eine der größten Plagen unserer heutigen Gesellschaft. Wie können wir gegen ihn angehen? Wie ihn eindämmen?

In den letzten Jahrzehnten sind zahlreiche Entspannungstechniken unterschiedlichster Art entstanden. Das sollte uns zu denken geben, spricht es doch dafür, dass wir immer stärker überfordert sind und dass auch die Zahl derer, die unter Stress leiden, ständig zunimmt.

Pausenlos sind wir angespannt und auf Achse. Wir kämpfen mit Schlaflosigkeit, sind leicht reizbar und werden von Ängsten heimgesucht, und bisweilen schlagen sich diese Leiden auch im Körper nieder, etwa in Form von Bluthochdruck, und führen im schlimmsten Fall zum Burn-out, einem Krankheitsbild, das erst in den letzten Jahren an Konturen gewonnen hat.

Wenn wir immer öfter in solche Extremzustände geraten, liegt die Vermutung nahe, dass wir ungesund leben, und zwar äußerst gesundheitswidrig.

Wir wissen also, wie es um uns steht. Doch was können wir

ändern? Schauen wir wieder auf die Katzen: Wirken sie gestresst? So gut wie nie.

Eine Katze ist ganz von Ruhe und Ausgeglichenheit beseelt. Mit entspannten Muskeln sitzt sie natürlich und gelassen da. Ihre Haltung zeigt nicht die geringste Spur von Aufregung, und ihr Blick ist weder gehetzt noch flackernd.

Wenn eine Katze gestresst wirkt, ist sie meist nur besonders aufmerksam. Sie ist auf der Hut vor einer möglichen Gefahr, vor einem Ereignis, das ihren ruhigen und gemächlichen Alltag stören könnte. Dann richtet sie die Ohren auf, blickt in eine bestimmte Richtung, beobachtet, wartet. Doch sobald sie erkennt, was sie so in Unruhe versetzt hat, gewinnt sie im Handumdrehen ihre Gelassenheit zurück und legt den Kopf wieder auf die Pfoten.

Eine Katze hält den Stress nicht im Nachhinein aufrecht. Hat sie die Gefahrenquelle einmal ausgemacht, sich von ihr entfernt oder sie ausgemerzt und so ihre innere Ruhe wiedergefunden, scheint sie sie sofort zu vergessen und sich davon zu lösen, als wäre nichts geschehen. Diese Fähigkeit ist vermutlich die größte Stärke von Katzen und der Schlüssel zu ihrer majestätischen Gelassenheit.

Doch das Dasein einer Katze ist nicht nur kontemplativ, sondern auch wohlgeordnet. Katzen schätzen es nicht besonders, wenn sich laufend alles um sie herum verändert. Sie haben sich ihr Leben so eingerichtet, dass es behaglich ist und sie sich darin wohlfühlen; sie möchten auf keinen Fall, dass sie irgendetwas in diesem Dasein stört.

Die seltenen Stresssituationen im Alltag einer Katze entstehen, sobald dieses Wohlergehen gefährdet ist: wenn rasches

Handeln gefragt ist, weil ein Eindringling verjagt werden muss, wenn es gilt, vehement und unnachgiebig deutlich zu machen, dass das billigere Trockenfutter absolut nicht schmeckt, oder wenn man dem Besitzer zu verstehen gegeben muss, dass seine wiederholte längere Abwesenheit das eigene Bedürfnis nach Aufmerksamkeit und Liebe unerfüllt lässt.

WENN SIE WIE EIN KATZE RUHE UND INNEREN FRIEDEN BEWAHREN WOLLEN, DANN FINDEN SIE HERAUS, WAS IHNEN STRESS BEREITET, LÖSEN SIE DAS PROBLEM EIN FÜR ALLE MAL, LASSEN SIE NICHT LOCKER, BIS SIE ES GESCHAFFT HABEN, UND BEFREIEN SIE SICH INNERLICH DAVON. HÖREN SIE AUF, ENDLOS ZU GRÜBELN UND PROBLEME HIN UND HER ZU WÄLZEN, UND STREICHEN SIE SIE FÜR IMMER AUS IHREM DENKEN. DANN KEHRT DIE RUHE ZURÜCK – UND MIT IHR DAS WOHLERGEHEN.

In diesem Zusammenhang berichten Tierärzte von einem interessanten Phänomen: Zeigt eine Katze über einen längeren Zeitraum hinweg regelmäßig Stresssymptome, so ist die Ursache oftmals bei ihrem Besitzer zu suchen!

Katzen sind sensibel wie Seismografen. Sie spüren alles und nehmen jede Stimmung wahr, doch wenn die Spannung zu hoch ist und ihnen der Lärmpegel und das Stimmengewirr zu viel werden, können sie manchmal nicht mehr alles aufnehmen und durch ihre absolute Ruhe verdauen.

Wird die Umgebung unerträglich und steht ihr Wohlergehen auf dem Spiel, kann eine Katze sogar so weit gehen, dass sie das Haus verlässt, sofern die Umstände es erlauben. Darf man sie deswegen verurteilen? Wenn eine Katze gehen muss, um ihre Contenance zu wahren, dann wird sie gehen. Behalten Sie das im Hinterkopf!

Katzen wissen sich durchzusetzen

Eine Katze scheint ihre Ehre daranzusetzen, ein nutzloses Leben zu führen. Das hält sie jedoch nicht davon ab, für sich unter den Tieren des Hauses einen höheren Rang einzufordern, als der Hund ihn innehat.

MICHEL TOURNIER

Sei es aus Furchtsamkeit oder Mangel an Selbstvertrauen, vielen von uns fällt es schwer, sich gegenüber anderen zu behaupten. Wir ziehen uns zurück, verfallen in Schweigen und trauen uns nicht einzugestehen, dass wir »die anderen« als intellektuell überlegen empfinden oder zumindest als hinreichend selbstsicher, um ihre Zuhörerschaft mit ihrer Präsenz und ihrem Wissen zu erdrücken … wohinter sich, hört man nur einmal ganz genau hin, oft genug lediglich Ignoranz verbirgt.

Aber wer sind denn nun »die anderen« beziehungsweise »die Leute«? Sie, ich, wir alle sind für irgendjemanden »die anderen«. Wenn »die Leute« in Ihrem Leben mehr Raum einnehmen als Sie selbst, dann nur, weil Sie ihnen diesen Raum zugestehen. Es ist damit wie in einem Haus: Je mehr Schränke man hat, desto mehr bringt man darin unter.

Nehmen »die anderen« in Ihrem Leben so viel Platz ein, dass

sie Ihnen manchmal auf die Füße steigen oder Sie geradezu niedertrampeln? Denken Sie an die Katzen! Wenn Sie jemals einer Katze versehentlich auf die Pfote getreten sind, dann haben Sie sie sicher zu hören und vermutlich auch zu spüren bekommen, falls sie Ihnen die Krallen in die Wade geschlagen hat!

Lassen Sie es sich nicht länger gefallen, dass man Ihnen auf den Füßen herumtrampelt. »Die anderen« haben überhaupt kein Recht, mit Ihnen auf diese Weise umzuspringen. Sie haben nur den Raum, den Sie ihnen zugestehen, und können nur so weit gehen, wie Sie es erlauben. Und wenn sie Ihnen erst auf die Füße steigen, Ihnen dann auf der Nase herumtanzen und Sie schließlich mit dem Kopf unter Wasser drücken, dann nur, weil Sie das zulassen …

Eine authentische Ausstrahlung und eine starke Persönlichkeit wie eine Katze zu besitzen ist etwas völlig anderes, als seine Mitmenschen zu benutzen, sie zu erdrücken und sich auf ihre Kosten Geltung zu verschaffen. Eine Katze nimmt sich den ihr zustehenden Raum. Dabei erdrückt sie niemanden, duldet es aber auch nicht, wenn jemand in ihr Revier eindringt. Sie verschafft sich Geltung, bleibt dabei gelassen und spielt nicht den Despoten, lässt sich jedoch auch nicht als Komparsen abspeisen.

LERNEN SIE, SICH DURCHZUSETZEN UND DABEI GELASSEN ZU BLEIBEN, UND VERTEIDIGEN SIE IHR REVIER, SOBALD JEMAND EINZUDRINGEN VERSUCHT. SIE HABEN ETWAS BESSERES ALS DIE ROLLE EINES STATISTEN VERDIENT!

ZUM NACHDENKEN …

UND WENN EINE KATZE AN MIR VORÜBERGEHT, DENKE ICH: DIESES TIER WEISS SO MANCHES ÜBER UNS MENSCHEN.

JULES SUPERVIELLE

Katzen sind weise Geschöpfe

Ich habe mich ausgiebig mit Philosophen und Katzen beschäftigt. Die Weisheit der Katzen ist unendlich viel größer.

HIPPOLYTE TAINE

In ihrer aufmerksamen und hellhörigen Haltung machen Katzen oft den Eindruck eines schweigenden Psychologen und ähneln einem Buddhisten oder einem weisen alten Mann. Vielleicht entspricht dieser Eindruck der Wahrheit. Stirnrunzelnd sehen wir den Katzen zu, wie sie ihr Leben führen, sich nicht sinnlos verausgaben und unermüdlich die Welt betrachten.

Während das Alter mal rascher und mal zögernder voranschreitet, gewinnen wir alle im Lauf der Jahre ein wenig an Weisheit hinzu und nehmen Abstand von der Alltagswelt und ihrem geschäftigen Treiben.

»Wie gern wäre ich noch einmal zwanzig, und das mit meinem Wissen von heute!« Wer von uns hätte noch nie einen solchen Wunsch verspürt? Wir werden im Lauf der Jahre nur schrittweise ein wenig klüger, während Katzen über eine angeborene Weisheit verfügen, ohne je eine Schule besucht, ohne Bücher studiert zu haben, ohne Vorbilder im Denken, ohne Anleitung oder Referenzgrößen, ja selbst ohne auf eine lange Lebensdauer oder besondere Erfahrungen zurückblicken zu können.

Von dieser Weisheit erhaschen wir nur einige Bruchstücke, indem wir mühevoll vieles infrage stellen, Dinge ausprobieren und verändern, nachdenken und uns selbst erkunden.

Erst nach einem verschlungenen und oftmals beschwerlichen Lebensweg gelingt es uns eines Tages jenseits der sechzig, uns wie eine Katze niederzusetzen und gelassen-heiter den Blick in die Ferne schweifen zu lassen, während sich auf unseren Lippen ein leises Lächeln abzeichnet. Eine Katze dagegen ist dazu fast schon von Geburt an in der Lage.

Auch in dieser Hinsicht können wir also von Katzen lernen. Aber wie müssen wir es anstellen, um jene unergründliche, fast mystische Weisheit zu begreifen, die sie ausstrahlen?

Katzen teilen diese Weisheit mit uns. Wenn Sie eine haben, kennen Sie das. Sicher haben Sie es schon einmal erlebt, dass Sie in Zweifeln oder nicht enden wollenden Gedankenschleifen verfangen waren und einfach keinen Abstand dazu gewinnen konnten. Dann sehen Sie Ihrer Katze in die Augen, und Ihre Katze fixiert Sie ebenfalls, als wüsste sie genau, was in Ihnen vorgeht. Und Sie haben das untrügliche Gefühl, dass Ihre Katze, anders als Sie, längst alles verstanden hat. Weil sie es weiß oder weil sie es gelernt hat.

Sie wirft Ihnen einen wohlwollenden Blick zu, der Ihnen eine Geschichte aus alten Zeiten erzählt. Die Geschichte eines chinesischen Kaisers, der die weisesten Männer seines Landes zu sich gerufen und ihnen aufgetragen hatte, einen Satz zu finden, mit dem man allen Empfindungen begegnen könnte und der zu allen Lebenslagen passte, in die ein Mensch geraten könne, seien sie heiter oder bedrückt. Einige Zeit später sprachen die Weisen wieder beim Kaiser vor und präsentierten ihm den gewünschten Satz. Und die Botschaft ebendieses Satzes liegt auch im Blick Ihrer Katze, den sie Ihnen zuwirft, wenn Sie nicht mehr weiterwissen. Diese Worte haben die Jahrhunderte überdauert und erreichen Sie heute durch die Vermittlung Ihrer Katze:

»Auch das wird vorübergehen.«

Das gilt für das Schönste und für das Schlimmste gleichermaßen: Alles geht vorüber.

Verzetteln wir uns nicht manchmal viel zu sehr und werden dadurch blind für das Wesentliche unseres Daseins?

Und vielleicht sendet uns unsere Katze durch ihre Unerschütterlichkeit, ihre kontemplative Haltung und das Wohlwollen, das sie uns entgegenbringt, folgende Botschaft: »Ich bin da, ich beobachte dich und wache über dich. Auch das wird vorübergehen …«

WEISHEIT KANN MAN WEDER LEHREN NOCH LERNEN. SIE IST EIN ZUSTAND, EINE GEISTESHALTUNG. SIE ERLAUBT UNS, DAS TREIBEN DER WELT MIT EIN WENIG ABSTAND ZU BETRACHTEN UND ES IN SEINER GESAMTHEIT BESSER ZU ERFASSEN. DER WEISE NIMMT AUF DEM MOND PLATZ UND BETRACHTET DIE ERDE, SO WIE DIE KATZE AUF DEM DACH SITZT UND DEN MOND BETRACHTET.

Katzen denken zuerst an sich selbst

Die Katze schmeichelt uns nicht,
sie lässt sich von uns schmeicheln.

ANTOINE DE RIVAROL

Wie wir bereits gesehen haben, kümmern sich Katzen in erster Linie um das eigene Wohlergehen. Wer dieses Ziel verfolgt, muss manchmal einen gewissen Egoismus pflegen und nur an sich selbst denken.

Das bedeutet nicht, dass man ausschließlich die eigene Person im Blick hat, egozentrisch oder gar narzisstisch ist, sondern dass man sich hin und wieder erlaubt, das eigene Wohlbefinden höherzustellen als das der anderen.

Nur wer sich selbst etwas geben kann, vermag auch anderen etwas zu geben.

Sorgen Sie zunächst für sich selbst, sowohl für Ihren Körper als auch für Ihre Seele. Nichts weniger als Ihr persönliches Glück hängt davon ab.

Je zufriedener Sie sind und je erfüllter Ihr Leben ist, desto mehr können Sie Ihren Mitmenschen etwas geben und mit ihnen teilen.

Warten Sie nicht darauf, dass jemand anders für Ihr Wohlbefinden und für Annehmlichkeit in Ihrem Leben sorgt. Nur Sie selbst sind dafür verantwortlich. Niemand wird das für Sie in die Hand nehmen – denn niemand weiß so gut wie Sie selbst, was Sie wirklich brauchen, damit es Ihnen gut geht.

Nehmen Sie sich also selbst bei der Hand und schaffen Sie sich wie eine Katze Ihr eigenes Territorium, Ihre ganz individuelle Komfortzone, die passenden Rahmenbedingungen für Ihr Wohlergehen und die Voraussetzungen dafür, dass Sie sich so gut wie möglich entfalten können.

Gönnen Sie sich jeden Tag eine kleine Freude und lassen Sie keine Gelegenheit aus, sich ein paar schöne Augenblicke zu bereiten oder sich selbst ein kleines Geschenk zu machen. Sie haben es verdient. Vergessen Sie das nie!

SORGEN SIE FÜR SICH UND IHR WOHLERGEHEN. KÜMMERN SIE SICH UM DIE EIGENE PERSON – NIEMAND KANN DAS BESSER ALS SIE, UND NIEMAND WIRD JE SO VIEL FÜR SIE TUN WIE SIE SELBST.

DER TAGESABLAUF EINER KATZE

7.45 UHR: FRÜHSTÜCK.

Für die Katze: etwas Wasser oder Milch in einem sauberen Schälchen, eine Handvoll Trockenfutter und etwas Pastete, aber alles frisch, nur vom Besten und an einer sauberen Stelle!

- Das mag wie eine Selbstverständlichkeit klingen, was die Katze betrifft – aber nehmen auch wir selbst uns wirklich immer alle die Zeit für ein Frühstück? Spülen Sie nicht auch manchmal hastig eine Tasse und trinken Ihren Kaffee im Stehen, an die Spüle gelehnt, und sind zu bequem, sich ein Brot zu schmieren?

- Sie haben sich um Ihre Katze gekümmert, also kümmern Sie sich jetzt auch um sich selbst. Gemütlich am Tisch zu sitzen und entspannt zu frühstücken ist der beste Start in den Tag.

- Nehmen Sie sich die Zeit, in Ruhe zu essen, ein paar Scheiben Brot zu toasten und die köstliche Konfitüre aus dem Kühlschrank hervorzuholen. Essen Sie, worauf Sie Lust haben, nehmen Sie sich dafür Zeit und genießen Sie das.

- Ernährungswissenschaftler betonen immer wieder, dass das Frühstück die wichtigste Mahlzeit des Tages ist. Darüber hinaus bietet es auch eine gute Gelegenheit, für das eigene Wohlergehen zu sorgen und den Tag mit einem Lächeln zu beginnen.

Katzen mögen sich selbst und akzeptieren sich so, wie sie sind

Der Mensch ist die einzige Spezies, der es schwerfällt, sich als solche zu begreifen. Eine Katze dagegen hat nicht das geringste Problem damit, eine Katze zu sein. Katzen haben offenkundig keinerlei Komplexe, sind nicht hin- und hergerissen und werden nicht von inneren Konflikten geplagt, und nichts deutet darauf hin, dass sie lieber Hunde wären.

ABRAHAM MASLOW

Wenn man sich nicht so akzeptiert, wie man ist, führt das unweigerlich zu Schmerz und Enttäuschung. Jeder Mensch ist einzigartig, doch die meisten von uns sind unzufrieden mit sich selbst, mit ihrem Körper, ihrer gesellschaftlichen Stellung … Viel zu viele Menschen mögen sich selbst nicht.

Wir alle wünschen uns häufig, jemand anders zu sein, anstatt uns so anzunehmen, wie wir sind. Sich zu akzeptieren bedeutet auch, die eigenen, ganz persönlichen inneren Reichtümer und Fähigkeiten zu entdecken.

Im Unterschied zu Katzen geben wir uns viel zu oft nicht damit zufrieden, wie wir sind, sondern wollen anders sein. Eine sehr wirkungsvolle Methode, sich unglücklich zu machen.

Zerbricht sich eine Katze über derlei Dinge den Kopf? Will sie eine andere Katze oder ein anderes Tier sein? Ganz offenkundig denkt sie nicht im Entferntesten daran – solche Wünsche sind ja auch völlig absurd. Eine Katze ist selbstzufrieden und stolz auf sich, und ihre fast ein wenig hochnäsig erscheinende Haltung gegenüber anderen Tieren und manchmal auch gegenüber Menschen ist der beste Beweis für diese Einstellung.

Katzen sind klug genug, sich nicht mit solchen sinnlosen Gedanken herumzuschlagen, die uns so häufig ins abstrakte Grübeln verfallen lassen. Daher hindert sie nichts daran, sich für das, was sie sind, und um ihrer selbst willen zu mögen und glücklich zu sein.

Sich selbst zu akzeptieren ist im Grunde kinderleicht. Wir brauchen es nur wie die Katzen zu machen, die sich richtig klasse finden, so wie sie sind!

Wir mögen Katzen in erster Linie deshalb, weil sie sich selbst mögen. Warum sollten wir es ihnen nicht gleichtun, statt uns in Selbstkritik zu verlieren?

Warum stellen wir uns morgens nicht einfach mal vor den Spiegel und sagen uns: »Ich hab dich so richtig gern.« Lachen ist dabei ausdrücklich erlaubt!

Das klingt albern, aber versuchen Sie es einmal. Sie werden sich bei diesen Worten ein Lächeln nicht verkneifen können!

Doch was hat dieses Lächeln zu bedeuten? Dass Sie sich aufrichtig mögen – oder dass Sie sich im Gegenteil überhaupt nicht akzeptieren? Betrachten Sie sich im Spiegel. An Ihrem Lächeln, sei es traurig oder heiter, werden Sie erkennen, welchen Weg Sie noch vor sich haben, bis Sie sich nach Katzenart annehmen und aus ganzem Herzen mögen können.

UM GELIEBT ZU WERDEN, MUSS MAN SICH ZUNÄCHST SO AKZEPTIEREN, WIE MAN IST, UND SICH SELBST LIEBEN!

ZUM NACHDENKEN …

DER REIZ DES KINDES BERUHT ZUM GUTEN TEIL AUF DESSEN NARZISSMUS … EBENSO DER REIZ GEWISSER TIERE, DIE SICH UM UNS NICHT ZU KÜMMERN SCHEINEN, WIE DER KATZEN UND GROSSEN RAUBTIERE, JA SELBST DER GROSSE VERBRECHER UND DER HUMORIST ZWINGEN IN DER POETISCHEN DARSTELLUNG UNSER INTERESSE DURCH DIE NARZISSTISCHE KONSEQUENZ, MIT WELCHER SIE ALLES IHR ICH VERKLEINERNDE VON IHM FERNZUHALTEN WISSEN.

SIGMUND FREUD

Katzen sind stolz und wissen sich in Szene zu setzen

Es gibt keine gewöhnlichen Katzen.
SIDONIE-GABRIELLE COLETTE

Selbstachtung und Selbstvertrauen werden häufig verwechselt. Wenn diese beiden Charakterzüge zusammenkommen, müssen sie einander nicht entsprechen. Ein hohes Maß an Selbstvertrauen geht nicht zwangsläufig mit hoher Selbstachtung einher – und umgekehrt.

Das ist Ihnen zu schwammig? Nehmen wir zum Beispiel an, Sie sind ein erfolgreicher Handelsvertreter, können absolut auf Ihr Verkaufstalent und Ihr Fachwissen vertrauen, und doch geht Ihnen jeden Tag durch den Kopf, dass Ihre Arbeit sinnlos ist und Sie nicht erfüllt, dass Sie in diesem Leben eigentlich etwas Besseres zu tun hätten, aber … Es mangelt Ihnen an Selbstachtung.

Ein gegenteiliges Beispiel wäre, dass Sie Musiker aus Leidenschaft sind, außerordentliches Talent besitzen, wofür Ihre Fans, die immer wieder zu Ihren Konzerten kommen, der beste Beweis sind. Und doch will Ihre Karriere nicht so recht zünden, denn auf der Bühne mangelt es Ihnen an Selbstvertrauen.

Sind Sie stolz auf sich? Auf das, was Sie tun?

Das Bild, das Sie von sich haben, von dem, was Sie tun und was Sie sind, ist genauso wichtig wie Ihr Selbstvertrauen. Wenn Sie ein Leben führen, das Ihren Wünschen, Bedürfnissen und Träumen entspricht, dann wirken Selbstachtung und Selbstvertrauen zusammen, verstärken einander und erlauben Ihnen, sich bestmöglich zu entfalten und rundherum glücklich zu werden.

Wie steht es bei Katzen um die Selbstachtung und den Stolz auf das, was sie sind und was sie tun? Auch was diese Gabe angeht, können wir wieder nur von ihnen lernen, denn Katzen sind mächtig stolz darauf, Katzen zu sein, mit allen Vorteilen, die das mit sich bringt.

Eine Katze weiß, dass sie einzigartig ist, und sie muss nichts weiter tun, um sich dessen zu vergewissern oder es einem Publikum vor Augen zu führen.

Sie hat Vertrauen in sich selbst und achtet sich so, wie sie ist. Was sollte sie da noch beweisen? Und wem? Sie ist da und genügt sich selbst.

Sie erfüllt eine notwendige, aber auch hinreichende Bedingung dafür, sich mit Stolz in Szene zu setzen: Sie ist eine Katze. Mehr braucht es nicht.

SEIEN SIE STOLZ AUF DEN MENSCHEN, DER SIE SIND. DENN DARIN SIND SIE EINZIGARTIG.

ZUM NACHDENKEN …

DIE KATZE IST DAS EINZIGE VIERBEINIGE TIER, DAS DEM MENSCHEN EINGEREDET HAT, ER MÜSSE ES ERHALTEN, ES BRAUCHE ABER DAFÜR NICHTS ZU TUN.

KURT TUCHOLSKY

Katzen stehen immer im Zentrum der Aufmerksamkeit

Wer Umgang mit Katzen pflegt, riskiert höchstens, beschenkt zu werden.

SIDONIE-GABRIELLE COLETTE

Katzen sind zwar schweigsame und ruhige Geschöpfe und scheinen stets zu sagen: »Rühr mich nicht an!«, aber dennoch stehen sie gern im Zentrum der Aufmerksamkeit, wenn sie sich bei den Menschen in ihrem Umfeld wohlfühlen. Sie springen von Schoß zu Schoß, geben sich kokett und schleichen dem einzigen in der Gruppe um die Beine, der Katzen nicht besonders leiden mag. Als wollten sie ihn herausfordern …

Selbst diejenigen, die sich noch so sehr sträuben, können eine Katze nicht ignorieren. Sie nimmt in einem Haus den Ehrenplatz ein, und auch wenn Freunde zum Essen zu Gast sind, steht sie im Mittelpunkt, ein Spiel, das ihr nicht weniger gut gefällt.

Und wie erreicht sie das? Beansprucht sie ihren Platz lautstark? Miaut sie? Sehr junge Katzen machen das bisweilen während der ersten Lebensmonate, weil ihnen noch die Erfahrung fehlt. Eine reifere Katze schleicht sich nur an, zwinkert und sieht den Gästen einem nach dem anderen mit hypnotisierendem Blick in die Augen, bietet sich zum Streicheln an und gewährt im Gegenzug Anschmiegsamkeit und Aufmerksamkeit. Auch wenn wir eine Katze zum ersten Mal sehen, steht sie im Mittelpunkt unseres Interesses, weil sie offenherzig und ruhig auf uns zukommt, sich berühren lässt und (manchmal) so tut, als gefalle ihr das, um sich so unsere Aufmerksamkeit zu sichern.

Unwillkürlich strecken wir die Hand nach ihr aus, als wollten wir uns etwas von ihr holen, etwas Ungreifbares … Vielleicht ein wenig von der Ruhe, die sie ausstrahlt, von ihrer Gelassenheit? Sie weiß das und blickt uns an. Sie lässt es geschehen und erlaubt uns, ein wenig inneren Frieden zu finden. Früher oder später lächeln wir alle, wenn wir eine Katze streicheln.

Aber was hat sie getan, wodurch sie nun im Zentrum der Aufmerksamkeit steht?

Sie hat uns etwas gegeben. Durch ihre Daseinsweise, und einfach indem sie zu uns gekommen ist wie ein friedenstiftendes Geschenk, das wir berühren können. Sie hat uns etwas gegeben.

In der kurzen Zeit, in der wir sie streichelten, haben wir plötzlich dem Gespräch am Tisch nicht mehr die geringste Beachtung geschenkt. Und warum? Weil das Interesse, das die Katze uns entgegengebracht hat, der Quell der Lebensfreude und der Gelassenheit, den sie für uns in diesen wenigen Augenblicken darstellte, weitaus wertvoller waren als jede metaphysische Betrachtung, als jede philosophische Diskussion oder andere versponnene Debatte!

**UM AUFMERKSAMKEIT ZU ERREICHEN,
SEIEN SIE EINE QUELLE, EIN
GRAVITATIONSZENTRUM FÜR IHR UMFELD!
SEIEN SIE FREIGEBIG!**

Katzen sind gegen Kritik immun

Katzen wissen sehr genau, wer ihnen gewogen ist
und wer nicht. Aber meist ist ihnen das nicht so wichtig,
dass sie daran etwas ändern wollten.

WINIFRED CARRIÈRE

Schon oft habe ich mit einem gewissen Amüsement beobachtet, dass es Katzen vollkommen gleich ist, ob sie geschätzt werden oder nicht, sei es von anderen Katzen oder von uns Menschen.

Katzen sind Einzelgänger und legen Wert auf ihre Unabhängigkeit. Sie überlegen sich gründlich, zu welchen Lebewesen – Tieren oder Menschen – sie eine Beziehung aufbauen wollen, und dieser Charakterzug führt dazu, dass sie ungezwungen und mit viel Freude den »Blick der anderen« rundheraus ignorieren, dem wir Menschen so häufig eine übertriebene Bedeutung beimessen.

Dieses Bedürfnis, von den »anderen« geliebt, geschätzt, bewundert oder doch zumindest akzeptiert zu werden, ist einer Katze völlig fremd. Sie ist da und genügt sich selbst. Sie gibt sich gleichsam mit dem eigenen Blick zufrieden.

Natürlich kann man nicht sein Leben lang immer nur den

eigenen Bauchnabel inspizieren, aber oft gelingt es uns nicht, die Balance zwischen Selbstachtung und angemessener Berücksichtigung des Blicks der anderen zu halten, wodurch sich dann ein ungesundes Missverhältnis einstellt.

In unserer Gesellschaft und in den Medien geht es oft nur darum, eine gute Figur zu machen. Alles dreht sich um das Bild, das wir abgeben, aber nicht um unser selbst willen, sondern damit wir in den Augen der anderen gut dastehen. Ein größerer Selbstbetrug ist kaum denkbar.

Wir wollen cool wirken, jung, reich, intelligent, tolerant, witzig, weltoffen. Sich in ein positives Licht zu rücken und so oder so »rüberzukommen« – das ist das Mantra der letzten Jahrzehnte, das sich mit jeder Modewelle weiter verbreitet, mit jeder neuen Vorabendserie, die uns eine schöne neue Welt vorgaukelt.

Wir wollen so sehr als talentiert oder aufrichtig erscheinen, bis wir uns diese Eigenschaften irgendwann tatsächlich zuschreiben und uns damit in die eigene Tasche lügen. Denn die Waagschale aufseiten des Blicks der anderen wiegt bisweilen so schwer, dass wir nur noch nach Anerkennung durch die Mehrheit streben, mit der neuesten Mode mithalten oder dem jüngsten Trend folgen wollen. Wir stellen den Schein über das Sein und damit weit über das, was uns als Person ausmacht und was uns, kurz gesagt, wirklich glücklich machen könnte.

Meist unterwerfen wir uns dem gesellschaftlichen Zwang, etwas Bestimmtes haben oder als etwas Bestimmtes erscheinen zu müssen, während Katzen darüber nur schmunzeln – so wie über ihre erste Maus.

Ob sie in einer kleinen Gruppe als Hauskatzen oder allein in freier Wildbahn leben, nie passen sie sich ihren Artgenossen an. Sie bleiben, wie sie sind, mit ihren Gelüsten, ihrem Charakter, ihren Bedürfnissen – und denken überhaupt nicht daran, soziale Normen zu erfüllen oder ein bestimmtes Image zur Schau zu stellen und zu pflegen, um sich dem Diktat einer Mehrheit zu unterwerfen, die bisweilen jedes Maß und alle Werte verloren hat.

Katzen sind ganz bei sich und bleiben sich treu, und wir tun gut daran, uns ihr Verhältnis zur Gesellschaft zum Vorbild zu nehmen, um so der Vereinheitlichung und Verflachung des Denkens entgegenzuwirken, um uns normierenden und inhaltsleeren Modeströmungen sowie von Gemeinplätzen geprägten Diskursen zu entziehen und keine gefälligen Moralvorstellungen zu adaptieren, die je nach Bedarf angepasst werden.

Katzen sind ganz bei sich, und diesen Zustand sollten auch wir anstreben. Denn dann sind wir in der Lage, unsere Bedürfnisse zu erspüren und uns Zufriedenheit zu verschaffen, indem wir auf die Stimme hören, die uns fortwährend zuflüstert:

BEFREIEN SIE SICH VOM BLICK DER ANDEREN! BLEIBEN SIE SICH TREU!

DER TAGESABLAUF EINER KATZE

8.15 UHR: MORGENTOILETTE.

Nach einem genüsslichen Frühstück macht sich eine Katze daran, sich ausgiebig zu putzen. Für uns Menschen steht jetzt die Dusche auf dem Programm.

- Wir alle kennen das: Weil wir zu spät dran sind, nehmen wir nur eine Expressdusche. Sobald das Wasser warm ist, stürzen wir uns darunter. Die Zeit ist knapp. Währenddessen leckt sich die Katze mit der Zunge erst die eine Hinterpfote, dann die andere und nimmt sich dabei alle Zeit der Welt.

- Die morgendliche Dusche dient hygienischen Zwecken, gehört jedoch auch zu den Momenten in unserem Tagesablauf, in denen wir uns etwas Gutes tun können und auch tun sollten. Wir können dabei entspannen und uns kurz erholen, die Gedanken schweifen lassen und dadurch unserem Gehirn die Möglichkeit verschaffen, in aller Ruhe wach zu werden und sich auf die Ereignisse des bevorstehenden Tages vorzubereiten.

- Frauen können oft besser für sich sorgen als Männer, denen es meist ein Rätsel bleibt, was Frauen tun, wenn sie wieder einmal drei Stunden im Bad verbringen. Dieses ausgesprochen katzentypische Verhalten zeigen Frauen oft am Wochenende: Sie kümmern sich zunächst um das eigene Wohlergehen. Dafür gebührt Ihnen Respekt, meine Damen, auch wenn es uns Männern manchmal ein wenig auf die Nerven geht. Und Ihr Tun dient einem guten Zweck: Sie sorgen dafür, dass Sie sich wohlfühlen, und bieten uns einen wundervollen Anblick.

Katzen sind von Natur aus neugierig

Neugier ist die Grundlage jeder persönlichen Entwicklung. Sie meinen, Neugier sei der Katze Tod? Mag sein, aber dann kommt die Katze mit Würde ums Leben.

ARNOLD EDINBOROUGH

Neugier ist den Katzen angeboren. Sobald sie ihr Körbchen verlassen können und die ersten Schritte übers Parkett wagen, schnüffeln sie überall herum, stecken ihre Nase buchstäblich in alles, inspizieren höchst interessiert sämtliche Gegenstände und jeden Ort, an den sie zum ersten Mal kommen.

Anders als Hunde stürzen sie sich nicht unüberlegt auf alles Neue, sondern nähern sich vorsichtig, ohne etwa die neue Papiertüte oder das noch unentdeckte Versteck aus den Augen zu verlieren.

Katzen verfügen über eine unersättliche Neugier und entdecken so ihre Welt beständig aufs Neue. Jeder Tag bringt ihnen weitere Entdeckungen und lässt sie – dank ihrer Wissbegier – etwas Besonderes erleben.

Wir haben viel zu gewinnen, wenn wir uns auch hier ein Beispiel an Katzen nehmen, jeden Tag etwas Neues hinzulernen und uns immer wieder in Staunen versetzen lassen.

Zwar sind wir alle mehr oder weniger beobachtungsfreudig und machen gern regelmäßig neue Entdeckungen, aber wahre Neugier ist mehr als das, sie ist ein wesentlicher Quell für unser Wohlergehen, sie wirkt wie Sauerstoff für den Geist. Wir brauchen sie ebenso sehr wie den Atem. Ohne Neugier würden wir nach und nach verkümmern.

Wenn Sie nicht so recht wissen, wie Sie Ihre Neugier fördern sollen – die jedem Ihrer Tage eine Prise gute Laune verleihen kann –, versuchen Sie es mit einer ganz einfachen Methode: Lernen Sie täglich etwas Neues dazu:

»One knowledge, one day.«

Dabei ist es egal, ob dieses Stückchen Wissen von Bedeutung ist, welche Quantität es hat oder ob es Ihnen etwas bringt. Es genügt, wenn Sie einfach jeden Tag etwas Neues lernen. Das kann beispielsweise auch nur ein Wort sein. Etwas, was Sie für immer im Gedächtnis behalten.

Das mag nach einer leichten Übung klingen, entscheidend ist jedoch, dass Sie sie wirklich über einen langen Zeitraum hinweg durchführen, auch wenn Sie eigentlich nicht zu diesem Verhalten neigen. Jeden Tag einmal neugierig in die Welt blicken – das macht 365 neue Erfahrungen oder Erkenntnisse pro Jahr. Glauben Sie mir, das wird sich nicht nur auf Ihre Allgemeinbildung, sondern auch nachhaltig auf Ihr Wohlergehen auswirken.

SEIEN SIE NEUGIERIG! NEUGIERIG AUF ALLES! SIE WERDEN SICH DEUTLICH BESSER FÜHLEN! BEWAHREN SIE SICH IHR STAUNEN!

Katzen beharren auf ihrer Unabhängigkeit

Wenn du ihre Zuneigung verdient hast, wird eine Katze dein Freund sein, aber niemals dein Sklave.

THÉOPHILE GAUTIER

Unabhängigkeit ist einer der prägendsten Charakterzüge von Katzen. Eine Katze unterwirft sich keiner hierarchischen Ordnung und bedarf auch nicht, wie andere Tiere, des Zusammenlebens in einer Gruppe oder in einem Rudel.

Für eine Katze ist ihre Unabhängigkeit nicht verhandelbar. Weitab von der Menge lebt sie ihr Leben gemäß ihren Wünschen und Bedürfnissen und kann dabei bestens auf die Unterstützung ihrer Artgenossen und erst recht die der Menschen verzichten.

Warum führen Katzen ein so radikal unabhängiges Dasein? Wenn sie so leben, müssen sie niemandem Rechenschaft ablegen, können stets ihrem Willen folgen, sind keinem äußeren Druck ausgesetzt, müssen weder sozialen Verpflichtungen nachkommen noch vorwurfsvolle Blicke ertragen. Ihre nicht veräußerliche Ungebundenheit ist die Grundlage ihrer Freiheit.

Wenn wir von anderen abhängig sind, sei es im privaten oder im beruflichen Umfeld, geraten wir leicht in Zwänge, die oftmals im Widerspruch zu unseren Wünschen stehen.

Anders als Katzen jedoch hat uns die Natur nicht so geschaffen, dass wir in völliger Autarkie leben können. Menschen haben sich schon immer zu Gemeinschaften zusammengeschlossen. Dennoch kann es uns helfen, wenn wir uns regelmäßig darüber Gedanken machen, wie abhängig oder unabhängig wir in unserem Leben sind, etwa indem wir uns folgende Fragen stellen:

* Inwieweit bin ich finanziell unabhängig?
* Kann ich einige Monate lang ohne Partner leben, ohne in jeder Sekunde das dringende Bedürfnis zu verspüren, geliebt und begehrt zu werden, und ohne mich wahllos in Affären zu stürzen, um eine innere Leere zu füllen?
* Treffe ich die wegweisenden Entscheidungen in meinem Leben allein, oder werden sie regelmäßig von den abweichenden Bedürfnissen meines Ehepartners, meiner Eltern oder meiner Kinder beeinflusst?
* Inwieweit bin ich von meiner Arbeit abhängig und dem, was sie mir finanziell einbringt? Bin ich so stark verschuldet, dass ich keine andere Wahl habe, als Überstunden anzuhäufen und auch an Wochenenden und Feiertagen zu arbeiten?
* Bin ich so sehr von meinem Partner abhängig, dass ich alles hinnehme, alles erdulde und sogar stillhalte, wenn er mich herabwürdigend behandelt?
* Sind die Menschen in meinem Umfeld so wichtig für mich, dass ich es mir nicht erlauben kann, mich ihnen durch mein Handeln oder meine Äußerungen zu widersetzen, weil ich Angst habe, sie zu verletzen, und nicht riskieren will, sie zu verlieren?

* Muss ich die Launen meines Vorgesetzten ertragen, nur um meinen Job nicht zu verlieren, während es in einem anderen Unternehmen eine bessere Stelle gibt und ich mir nur die Mühe machen müsste, mich darauf zu bewerben?
* Inwieweit prägen Suchtverhalten und Abhängigkeit – von Tabak, Alkohol, Drogen, Essen, Arbeit, Spiel, den neuen Medien oder auch Sport – meine Lebensführung und bestimmen mein Handeln und meine Bedürfnisse?
* Inwieweit lasse ich zu, dass all diese Abhängigkeiten mich einschränken?
* Wie sehr bestimmen sie mein Leben?
* In welcher Hinsicht habe ich in meinem Leben noch das Ruder in der Hand?

Wenn Sie sich diese Fragen regelmäßig stellen, werden Sie erkennen, in welchem Maße Sie in Abhängigkeiten gefangen sind. Fangen Sie am besten noch heute damit an.

Natürlich sind wir alle in vielerlei Hinsicht in mehr oder weniger starke Abhängigkeiten verstrickt, beruflich wie privat. Entscheidend ist jedoch zu erkennen, wie weit diese Dependenzen gehen und ob sie die Oberhand gewonnen haben. Wie viel Gewicht haben wir selbst in unserem Leben? Welche Faktoren tragen zu unserem Wohlergehen bei?

Wir können nicht wie Katzen völlig unabhängig von anderen leben, aber wir sind es uns schuldig, bestimmte Abweichungen zu korrigieren, die sich nur allzu leicht bei uns allen einschleichen und die wir nicht unbedingt jedes Mal bemerken …

BEMÜHEN SIE SICH, IN JEDER HINSICHT EIN WENIG UNABHÄNGIGKEIT ZURÜCKZUGEWINNEN. SO WERDEN SIE IHRE FREIHEIT FINDEN.

Glaubt ihr, wir Katzen vertrödeln unsere Tage, nur weil wir es nicht nötig haben, so wie ihr Menschen andauernd auf Achse zu sein?

Anders, als ihr denkt, sind wir in Wahrheit äußerst nützlich für euch Menschen.

Wenn ihr zum Beispiel von der Arbeit nach Hause kommt, gestresst und schlecht gelaunt seid und noch sämtliche negativen Stimmungen in euch tragt, die ihr im Lauf des Tages, ohne es zu bemerken, in euch aufgenommen habt – wer hilft euch, sich von alldem zu befreien? Na?

Warum wohl fühlt ihr euch wie durch ein Wunder besser, wenn ihr auch nur ein paar Augenblicke mit uns verbracht und uns gestreichelt habt? Woher kommt dieser plötzliche innere Frieden?

Genau dafür sind wir Katzen da. Wenn wir zu euch kommen, absorbieren wir all diese negativen Schwingungen, die euch traurig und wütend machen und für schlechte Laune sorgen. Ihr merkt das natürlich und glaubt, dass allein unsere Gegenwart so beruhigend ist, aber wir tun noch sehr viel mehr, ohne dass ihr auch nur das Geringste davon ahnt.

Jeden Tag heilen wir euch aufs Neue von all den Wehwehchen, die euch der Alltag zufügt. Denn wir lieben euch.

Ziggy

Katzen haben Selbstvertrauen

Der Hund denkt: »Sie lieben mich, sie füttern mich,
sie kümmern sich um mich. Sie müssen Götter sein!«
Die Katze denkt: »Sie lieben mich, sie füttern mich,
sie kümmern sich um mich. Ich muss ein Gott sein!«

IRA LEWIS

Wie wir schon gesehen haben, gehört Selbstvertrauen zu den stark ausgeprägten Charakterzügen, die Katzen von Natur aus auszeichnen.

Haben Sie jemals eine introvertierte Katze gesehen, die wenig Selbstsicherheit ausstrahlt? Bestimmt nicht! Katzen sind stolze Wesen. Sie sind die Besten, und sie wissen es – nach dem Motto: »Der Beste ist nicht, wer es zu sein glaubt, sondern wer weiß, dass er der Beste ist.« Hierin liegt einer der Schlüssel zu einem starken Selbstvertrauen. Der Unterschied mag geringfügig erscheinen, er ist jedoch erheblich.

Wie ebenfalls bereits ausgeführt, gründet sich Selbstvertrauen zum einen darauf, dass man die eigene Person so akzeptiert, wie sie wirklich ist, und zum anderen darauf, dass man entsprechend seinen Begabungen und Wertvorstellungen stolz auf sich ist.

Das Selbstvertrauen einer Katze drückt sich etwa darin aus, dass sie spontan zu uns kommt und sich dabei sagt: »Ich weiß, dass er mich mag.« Und nicht: »Ob er mich wohl immer noch mag…?«

Diese Gewissheit, von uns geliebt zu werden, gehört fest zur Aura einer Katze, zu ihrem Charisma, ihrem Charme und ihrer Schönheit.

Viele Menschen leiden unter einem Mangel an Selbstvertrauen, während andere nur so davon strotzen, manchmal auch ohne jeden Grund.

Wie Sie sicher bemerkt haben, ergänzen und überschneiden sich die Kapitel dieses Büchleins. Umfassendes Selbstvertrauen erwächst aus einem ganzen Strauß von Fähigkeiten, die wir hier der Verständlichkeit halber jede für sich behandeln, die aber zusammengehören und sich wechselseitig beeinflussen.

Um Selbstvertrauen zu gewinnen, muss man sich selbst lieben, ausreichend unabhängig sein und ganz bei sich bleiben, man darf sich nicht um die Meinung der anderen scheren und dergleichen mehr.

Selbstvertrauen ist kein hohler Begriff, sondern das Ergebnis eines Lernprozesses. Es erwächst aus der Gesamtheit aller Stärken, die eine Katze aufweist, und aus ihren Fähigkeiten, die sie miteinander verbindet und die es ihr ermöglichen, jeden Tag ein wenig besser und zufriedener zu leben.

Menschen mit großem Selbstvertrauen stehen im Mittelpunkt, sind frei und verfügen über eine starke Ausstrahlung. Es gibt oft gute Gründe dafür, dass sie glücklich sind, aber sie haben ihr Selbstvertrauen auch über einen langen Zeitraum hinweg entwickelt, indem sie all die erforderlichen Bestandteile wachsen und gedeihen ließen.

Machen Sie es in dieser Hinsicht wie die Katzen, und Sie werden ganz Sie selbst sein.

»HABEN SIE VERTRAUEN IN SICH SELBST!« IN EINEM BÜCHLEIN WIE DIESEM KÖNNTE ICH IHNEN EINFACH NUR EINEN SOLCHEN RAT GEBEN. ABER ICH VERSPRECHE IHNEN: WENN SIE WIE EINE KATZE DIE VERSCHIEDENEN FAKTOREN PFLEGEN, DIE ZUR ENTSTEHUNG VON SELBSTVERTRAUEN BEITRAGEN, WERDEN SIE FREUDE UND ERFOLG IM LEBEN HABEN UND IHR SELBSTVERTRAUEN WIRD AUF GANZ NATÜRLICHE WEISE WACHSEN.

Katzen verstehen zu delegieren

Katzen sind clever. Und sie wissen es.

TOMI UNGERER

Lesen Sie anderen jeden Wunsch von den Augen ab, und eilen Sie stets allen Leuten zu Hilfe? Oder sind Sie der Meinung, dass die Welt in Ihrer Schuld steht, dass Ihnen Ihr Umfeld andauernd zu Diensten sein und Ihnen jedes noch so kleine Bedürfnis erfüllen muss?

Sich hin und wieder wie eine Katze bedienen zu lassen – freilich ohne es zu übertreiben – kann Ihnen den Alltag spürbar erleichtern.

Katzen rühren ja bekanntlich keinen »Finger« und lassen sich ständig umsorgen. Als wären sie Könige!

Sie brauchen diese herrische Haltung nicht bis ins Kleinste nachzuahmen, doch andererseits müssen Sie auch nicht den Handlanger spielen und Ihrer Familie in jedem Augenblick zur Verfügung stehen. Wenn Sie andauernd sämtlichen Erwartungen entsprechen, sich jeglichen Launen unterwerfen und alle Wünsche Ihrer Kinder und Ihres Ehepartners erfüllen, sorgt das bei Ihnen nicht gerade für innere Ausgeglichenheit.

Lernen Sie, sich wie eine Katze bedienen zu lassen, und gewöhnen Sie sich vor allem an, kleine Tätigkeiten des Alltags zu delegieren. Sie sind weder der Butler Ihrer Kinder noch ihre Magd, die rund um die Uhr zur Verfügung stehen muss. Wenn Sie sie ein wenig zur Selbstständigkeit erziehen, indem Sie ihnen bestimmte Aufgaben übertragen, schadet das Ihren Kindern ganz bestimmt nicht, und es hält den Haushalt am Laufen.

Sie gewinnen dadurch Zeit, werden effizienter und sind weniger erschöpft und gestresst. Delegieren zu können ist die Grundvoraussetzung hierfür. Doch dazu müssen Sie sich die Mühe machen, von anderen etwas zu verlangen, und aufhören, Dinge »mal eben selbst« zu erledigen, etwa weil es so »schneller geht«.

Das gilt auch für Firmenchefs, von denen nur wenige in der Lage sind, ihren Mitarbeitern zu vertrauen und Aufgaben zu übertragen, und die pausenlos die Arbeit der anderen überprüfen und absegnen müssen. Diese schlechte Angewohnheit kann sich verselbstständigen und dazu führen, dass die Mitarbeiter, die andauernd so »bemuttert« werden, sich irgendwann jedes einzelne Komma genehmigen lassen. Damit wird viel Zeit vergeudet, die Autonomie der Mitarbeiter leidet, und der Chef (sind Sie zufällig einer?) hat eine Menge Mehrarbeit.

Delegieren zu lernen bedeutet vor allem, dass Sie Zeit für sich gewinnen, über die Sie nach Belieben verfügen können, und Sie müssen nicht länger in jedem Augenblick sklavisch die alltäglichen Bedürfnisse Ihres Umfelds erfüllen.

Und wenn Sie Ihre Mitarbeiter, Ihren Partner oder Ihre Kinder beauftragen – beweisen Sie damit nicht auch, dass Sie ihnen vertrauen? So kann man das nämlich auch sehen.

Allerdings wäre es dann doch ein wenig übertrieben zu behaupten, dass es nur zu unserem Besten ist, wenn Katzen sich unaufhörlich bedienen lassen. Obwohl …?

**OB IM BÜRO ODER ZU HAUSE,
MACHEN SIE ES WIE EINE KATZE:
DELEGIEREN SIE!**

ZUM NACHDENKEN …

HUNDE HABEN HERREN, KATZEN HABEN DIENER.

DAVE BARRY

DER TAGESABLAUF EINER KATZE

8.45 UHR: EIN GERUHSAMER TAGESANFANG.

Sie müssen zur Arbeit, und auch Ihre Katze scheint hinausgehen zu wollen, um ein wenig herumzustromern. Aber wer weiß schon, was eine Katze den ganzen Tag eigentlich macht?

- Schießt sie wie wild aus dem Haus? Nein. Sie schleicht hin und her, schmiegt sich an den Türrahmen und hält schnuppernd die Schnauze nach draußen. Sie finden das süß, aber es nervt Sie auch, denn so können Sie die Tür nicht zumachen!

- Warum hasten Sie jetzt los, nur um kurz darauf kehrtzumachen, weil Sie Ihre Schlüssel oder einen Aktenordner vergessen haben? Bleiben Sie gelassen! Wenn Sie sich ein bisschen organisieren, brauchen Sie sich nicht zu beeilen. Nehmen Sie sich ein Beispiel an Ihrer Katze, die gerade seelenruhig die Allee entlangspaziert. Wenn Sie ziellos hin und her rennen, verursacht das nur Stress und Sie vergeuden Zeit.

- Ihr Wohlergehen hängt entscheidend davon ab, mit wie viel Ruhe Sie Ihren Tag durchlaufen. Wenn Sie sich gut organisieren, pragmatisch bleiben und die Ruhe bewahren, sind Sie mindestens genauso schnell, und Ihnen gelingt genauso viel oder mehr, als wenn Chaos herrscht und Sie sich abhetzen und dabei fortwährend Stress und Angst ausgesetzt sind.

- Machen Sie es wie Ihre Katze: Starten Sie mit sicheren und ruhigen Schritten in den Tag, nehmen Sie sich ein paar Momente Zeit, blicken Sie auf zum Himmel und genießen Sie die ersten Sonnenstrahlen … und lächeln Sie!

Katzen nehmen sich die Zeit zu leben

Unter allen Tieren gelingt nur der Katze
ein kontemplatives Leben.

ANDREW LANG

Beim Anblick einer Katze, die es sich – im Sitzen oder im Liegen – bequem gemacht hat, die Landschaft betrachtet und dabei sämtliche Details unter die Lupe nimmt, könnte man meinen, Katzen seien ausgewachsene Faulpelze, die ihre Tage vertrödeln. Dieser Eindruck ist nicht unbedingt falsch, allerdings nur nach unseren Maßstäben. Die Unterscheidung zwischen Nichtstuerei und einer Haltung, in der man sich Zeit nimmt zu leben, entspringt einer sehr menschlichen Sichtweise.

Wer nichts tut, träge ist, eine betrachtende Haltung pflegt, hin und wieder durchatmet, beobachtet und sich die Zeit nimmt zu leben, wird in unserer heutigen Gesellschaft argwöhnisch beäugt. Wir müssen fortwährend tätig sein, jede Minute nutzen und sie füllen, einer Unzahl von Vorhaben und Aktivitäten nachgehen und dürfen vor allem »keine Zeit verschwenden«! So sieht unsere Normalität aus, so lauten die Regeln, die uns die Gesellschaft geradezu aufnötigt.

Wenn ich sehe, wie einige meiner Mitmenschen auf fast schon krankhafte Weise ständig auf Achse sind, kann ich nicht anders, als mich den Katzen anzuschließen, die über uns schmunzeln, wenn wir uns auf dem Hometrainer abstrampeln und dabei telefonieren und die Fernsehnachrichten verfolgen. Vermutlich halten sie uns für töricht, wenn wir uns so abarbeiten.

Sich Zeit zum Leben zu nehmen bedeutet nicht, mit Gewalt jeden Augenblick des Daseins zu füllen, begleitet von der dumpfen, angstbeladenen Vorahnung des Todes, die uns dazu treibt, vorher noch alles zu sehen, alles zu machen …

Sich Zeit zum Leben zu nehmen bedeutet vielmehr, das Verstreichen jedes Augenblicks bewusst zu erfahren, ihn zu betrachten, ihn sich anzueignen, um ganz darin aufzugehen und ihn in jedem Sekundenbruchteil zu genießen.

Genauso halten es die Katzen, die oft auf den ersten Blick untätig wirken, keinen Begriff von Zeit haben (zumindest nicht in unserem Sinne) und auch keinen Begriff vom Tod, dem natürlich auch sie nicht entgehen werden, der sie aber erst in den letzten Momenten ihrer Existenz beschäftigt. (Dann gibt es da noch die Vermutung, dass es zum angeborenen Wissen der Katzen gehört, die andere Seite des Spiegels zu kennen, was auch erklären würde, weshalb sie gegenüber dem Treiben der diesseitigen Welt eine so gelassene Haltung einnehmen. Aber das ist eine andere Geschichte …)

Sich Zeit zum Leben zu nehmen bedeutet, aus dem Vollen zu schöpfen, und nicht, gemäß einem bis in die letzte Minute vollgepackten Terminkalender alles mitzunehmen, was man »gemacht haben« oder »gesehen haben« muss, und alle Orte zu besuchen, an denen man einmal »gewesen sein« muss. Für manche von uns ist mittlerweile selbst der Urlaub eine genau getaktete Hetzjagd geworden, die aufreibender sein kann als eine Arbeitswoche.

Nehmen Sie Abstand, machen Sie es sich bequem, beobachten Sie die Welt … Tun Sie es Ihrer Katze gleich, und Sie werden spüren, wie wieder Ruhe und Gelassenheit in Ihrem Inneren Einzug halten werden.

DENKEN SIE AN DAS BIBELWORT, DASS ES EINE BESTIMMTE ZEIT FÜR JEDE ANGELEGENHEIT »UNTER DEN HIMMELN« GIBT. UND DANN MACHEN SIE ES WIE DIE KATZEN: NEHMEN SIE SICH DIE ZEIT ZU LEBEN.

Katzen passen sich rasch allem an

Katzen fallen immer auf die Pfoten.
FRANZÖSISCHES SPRICHWORT

Ziggy ist ein in jeder Hinsicht ganz gewöhnlicher Kater, hat jedoch im Vergleich zu seinen Artgenossen einen kleinen Makel: Seit er in seinem ersten Lebensjahr von einem Motorrad angefahren wurde, fehlt ihm die rechte Vorderpfote.

Als wir auf dem Land lebten, musste er natürlich trotzdem sein Territorium gegen so manchen Rivalen verteidigen, attraktive Miezen verführen, seinem Jagdinstinkt folgen und sich auch hinterm Ohr kratzen, an das er nun nicht mehr herankam, eben weil ihm die entsprechende Pfote fehlte.

Für die tägliche Kratzeinheit hinterm Ohr war rasch eine Lösung gefunden: Er kam zu mir, rieb sich an mir und hatte somit, was er wollte.

Ansonsten sah ich mit Bewunderung zu, wie er innerhalb von zwei Wochen lernte, sich auf drei Beinen genauso zu bewegen wie zuvor auf vieren. Aber natürlich erst, nachdem der Verband abgenommen war!

Kein einziges Mal musste er vor einem Hindernis kapitulieren, das es zu überwinden galt, wie etwa einer kleinen Mauer oder einem Zaun. Für ihn hatte sich nichts geändert, obwohl sich eigentlich alles geändert hatte – immerhin besaß er nun eine Pfote weniger als zuvor.

Seine Anpassungsfähigkeit hat mich über die Maßen beeindruckt, und ich beobachtete ihn lange Zeit, um zu verstehen, wie er das alles hinbekam. Und siehe da … Einige kleine, doch kaum sichtbare Unterschiede konnte ich entdecken. Beim Laufen zog er sich nicht mehr mit den Vorderpfoten nach vorn, wie Katzen es für gewöhnlich tun, sondern er stieß sich wie ein Hase mit den Hinterbeinen ab. Damit erreichte er ein Irrsinnstempo!

Andere Katzen, die in sein Revier eindrangen und sahen, dass ihm eine Pfote fehlte, glaubten, sie könnten nach Lust und Laune bei uns im Garten herumspazieren und hätten dabei nichts zu befürchten. Weit gefehlt! Auch in dieser Hinsicht hatte Ziggy seine ganz eigene Technik entwickelt. Wenn sich eine große Katze näherte und ihre Muskeln spielen ließ, lief er ihr nicht nach, um sie zu verjagen, sondern postierte sich reglos in der Mitte des Gartens und wartete ab, während die andere Katze in immer enger werdenden Kreisen um ihn herumschlich. War sie nah genug, stellte er sich wie ein Känguru auf die Hinterbeine, streckte wie ein Boxer die Vorderpfote zur Deckung aus und ließ den Feind noch näher herankommen. Die große Katze wusste diese ungewöhnliche Haltung nicht zu deuten, ging weiter auf Ziggy zu, ein wenig misstrauisch, aber mehr auch nicht. Die Ruhe, die Ziggy in dieser Boxerpose ausstrahlte, war faszinierend. Sobald die große Katze in Reichweite war, verpasste er ihr einen wuchtigen Boxhieb, der sie kräftig ins Wanken brachte. (In seiner einzig verbliebenen Pfote hatte er ordentlich Muskeln aufgebaut!) Verdutzt zog sich die andere Katze zurück, und erst jetzt setzte Ziggy zur Jagd an, um sie von seinem Territorium zu vertreiben. Ich war sprachlos! In den meisten Fällen genügte dieser Trick, um Eindringlinge zu verscheuchen, die sich unserem Haus nähern wollten: ein satter Uppercut, der eines Profiboxers würdig war!

Mit den Weibchen lagen die Dinge etwas anders. Wie Ziggy wusste, fallen Verführung und Vorspiel bei Katzen etwas ruppig aus, und es fiel ihm schwer, sich auf dem Rücken einer Katzendame im Gleichgewicht zu halten. (Ein großer Moment!)

Nachbars Katze jedoch, die wohl verliebt in Ziggy war, erkannte schon bald, dass es auf die übliche Weise nicht klappen würde, weil er sie nicht nach Katzenart am Nacken festhalten und sich, ohne herabzufallen, auf ihr halten konnte. Wenn die Lust ihren Tribut forderte, postierte sie sich vor ihm, streckte sich aus, reckte ihr Hinterteil in die Luft und hielt ganz still. Dann konnte sich der Pascha nach Belieben gütlich tun.

Katzen sind uns in so mancher Hinsicht überlegen – in Sachen Anpassungsfähigkeit und im Falle dieser Katze auch in Sachen Auffassungsgabe.

Wie es scheint, hat Ziggy nie unter seiner Behinderung gelitten, sondern immer genauso gelebt wie zuvor. Keine Leiter und kein Baum waren stärker als eine fehlende Pfote. Wären wir Menschen zu solch einem Verhalten in der Lage? Wir schwächlichen Kreaturen, die wir oft schon wegen des kleinsten Wehwehchens jammern?

Um diese körperliche Anpassungsfähigkeit sind Katzen wirklich zu beneiden.

Nach einiger Zeit zog ich aus dem Haus aus und lebte im

Zentrum von Lyon, in der mittelalterlichen Altstadt. Für Ziggy bedeutete dieses Viertel einen ungewohnten Lebensraum, der andere Bedingungen bot. Es gab nun keinen Garten mehr, sondern eine Gasse, in der gegen 23 Uhr Ruhe einkehrte und in der alte Werkstätten lagen, die alle eine Katzenklappe hatten. Er war dort glücklich, passte sich an die neue Umgebung an, sprang aus dem Fenster und ging in der Nacht regelmäßig auf Mäusejagd.

Ziggy konnte ein zweites Mal seine Anpassungsfähigkeit an eine neue Umgebung unter Beweis stellen. Wir wohnen noch immer in Lyon, mittlerweile jedoch auf einem Boot. Auch hier hat er sich rasch zurechtgefunden, nur seine Faszination für die vorüberschwimmenden Enten musste ich ein wenig zügeln, damit er nicht in die Saône sprang! Anfangs flößte ihm die riesige Wasserfläche ringsherum noch durchaus Respekt ein. Doch nach einigen Tagen hatte er sich sein neues Zuhause erobert und stolzierte auf der höchsten Stelle auf dem Dach des Bootes herum, beobachtete sein neues Territorium gleichsam von der Kommandobrücke aus und spazierte zwischen den Laufgängen hin und her. Nach einer Weile wollte er sein Territorium erweitern, lief die Treppe ans Ufer hinab, schlenderte den Kai entlang, verrichtete auf der Wiese sein Geschäft und nahm nun aus nächster Nähe die Enten in Augenschein, die sich verirrt hatten und ans Ufer schwammen.

Anpassung an körperliche Veränderungen, Anpassung an eine neue Umgebung – in derlei Dingen sind Katzen wahre Meister. Obwohl sie sich nur widerstrebend fügen, wenn sie ihre Gewohnheiten ändern oder sich einer neuen Umgebung anpassen müssen, setzen sie alles daran, um ihre Welt wiederherzustellen, sich wieder ein Nest zu schaffen, in dem sie sich wohlfühlen und ihr gewohntes, angenehmes Leben führen können.

Diese Anpassungsfähigkeit ist somit auch ein Zeichen von hoher Intelligenz.

WARUM SIND KATZEN SO ANPASSUNGSFÄHIG? WEIL SIE DAS LEBEN LIEBEN? WEIL SIE IHR EIGENES LEBEN LIEBEN? WEIL SIE SICH SELBST LIEBEN? ALLER GUTEN DINGE SIND BEKANNTLICH DREI! NEHMEN WIR UNS EIN BEISPIEL DARAN!

ZUM NACHDENKEN …

KÖNNTE MAN DEN MENSCHEN MIT DER KATZE KREUZEN, WÜRDE DIES DEN MENSCHEN VEREDELN, DIE KATZE JEDOCH VERSCHLECHTERN.

MARK TWAIN

Katzen haben es gern ruhig

Das Schweigen einer Katze ist ansteckend.

ANNY DUPEREY

Lasst mich alle in Frieden!«, »Ruhe!«, »Seid endlich still!«, »Ich muss hier raus!«: Oft genug würden wir unseren Zeitgenossen am liebsten solche oder ähnliche Worte zurufen.

Pausenlos befinden wir uns in einem Tohuwabohu aus Lärm, Hupgeräuschen, Stress, U-Bahn-Türen, die sich vor unserer Nase schließen, läutenden Telefonen, Erinnerungen an Termine, Besprechungen, E-Mails … ein nicht versiegender lärmender Strom, der an unseren Nerven zehrt.

Katzen finden in der Ruhe neue Kraft. Daher wissen sie die Ruhe zu schätzen und suchen sie. Äußere Ruhe sorgt bei ihnen für innere Ruhe. Wie wäre es, wenn wir es ihnen gleichtäten?

Versuchen Sie es einmal und nehmen Sie sich jeden Tag ein paar Momente, in denen Sie in absoluter Stille und im Schweigen baden. Lauschen Sie nur auf sich selbst, auf Ihre innere Stimme, das Schlagen Ihres Herzens …

Wenn Sie auf diese Weise inneren Frieden schaffen und ihn jeden Tag pflegen und mehren, wird das auch zu äußerem Frieden führen. Und so werden Sie schlicht ein besseres Leben haben.

Machen Sie es wie die Katzen und genießen Sie ein wenig Ruhe, immer wenn sich die Möglichkeit dazu bietet. Und auch wenn die Umgebung dafür gerade nicht geeignet ist, können Sie sich ein Beispiel an ihnen nehmen: Ziehen Sie sich, ohne ein Wort darüber zu verlieren, an einen Ort zurück, den nur Sie allein kennen! Und kommen Sie erst dann wieder hervor, wenn Ihr Bedürfnis nach Ruhe gestillt ist und Ihre Energiereserven wiederhergestellt sind.

Auch der schlimmste Lärm der Welt lässt sich ertragen, solange die Umstände ihn uns nicht aufzwingen und er nicht unsere innere Ruhe angreift und dadurch unnützen Stress auslöst.

INDEM SIE REGELMÄSSIG FÜR RUHE SORGEN, SORGEN SIE REGELMÄSSIG FÜR IHR WOHLERGEHEN, UND DAS IST DAS BESTE MITTEL GEGEN MAGENGESCHWÜRE!

Katzen überlegen sich genau, mit wem sie sich umgeben

Wir entscheiden uns nicht für eine Katze.
Sie entscheidet sich für uns.

PHILIPPE RAGUENEAU

Offenkundig belasten sich Katzen niemals mit einer Beziehung zu anderen Katzen oder zu Menschen, die ihnen nicht genehm sind. Sie suchen sich ihr Umfeld gezielt aus und bringen diesem dann umso mehr Wohlwollen entgegen.

Und wir, Tiere in Menschengestalt? Weshalb lassen wir es zu, dass wir einen Großteil unserer Zeit mit Leuten verbringen, von denen manche unausstehlich sind und deren Wertvorstellungen unseren eigenen diametral entgegenstehen?

Weshalb verlangen wir uns, mit Rücksicht auf gesellschaftliche Normen und manchmal auch aus Feigheit, eine Verbeugung und ein höfliches Lächeln nach dem anderen ab und investieren Zeit und Kraft, um gleichsam unter Zwang all diese Beziehungen aufrechtzuerhalten, die uns doch nur schaden?

Dabei könnten wir uns doch ganz einfach wie eine Katze unser Umfeld aussuchen.

Wir können entscheiden, mit wem wir zu tun haben, mit

wem wir unsere Zeit verbringen, wen wir lieben und mit wem wir unser Leben verbringen wollen.

Wenn eine Katze sich für Sie entscheidet, hat sie zuvor Ihre Zuneigung getestet, Ihre Persönlichkeit und Ihre Treue. Dann vertraut sie sich Ihnen an, wenn sie das möchte und wenn sie Sie für ihr jetziges und künftiges Leben als wichtig ansieht. Und sie wird Ihnen treu bleiben, denn sie hat sich für Sie entschieden.

Das Leben ist zu kurz, um es mit Idioten zu verbringen. Sind wir manchmal wirklich so dumm, dass wir das nicht begreifen?

Ja, manchmal sind wir wohl zu dumm und einfach nicht katzenhaft genug.

WERFEN SIE DIE DUMMKÖPFE AUS IHREM LEBEN! ENTSCHEIDEN SIE SELBST, MIT WEM SIE ZU TUN HABEN, UND WÄHLEN SIE IHRE FREUNDE MIT BEDACHT!

DER TAGESABLAUF EINER KATZE

12.30 UHR: ZEIT FÜR EINE PAUSE.

Die Katze hat den Vormittag damit verbracht herumzuspazieren. Sie können das jetzt in der Mittagspause tun!

- Ein Mittagessen im trüben Aufenthaltsraum? Nicht so toll. In der lärmenden Cafeteria? Auch nicht besser.

- Sie können Ihre Pause auch nutzen, um außerhalb der Firma zu Mittag zu essen.

- Gehen Sie spazieren, schnappen Sie frische Luft, lassen Sie sich von Schaufenstern verzaubern, träumen Sie im Park vor sich hin, schlendern Sie gemütlich die Straßen entlang und setzen Sie sich zum Essen auf eine Bank ... Aber gehen Sie vor allem an die frische Luft, so wie die Katzen. Gehen Sie hinaus, lassen Sie sich nach Lust und Laune treiben, atmen Sie tief durch, gönnen Sie sich eine Auszeit und lassen Sie sich gemütlichen Schrittes von den Schönheiten Ihrer Umgebung beeindrucken, für die Sie sich normalerweise keine Zeit nehmen!

- Flanieren ist vermutlich die beste Methode, um der Welt zu entfliehen und einmal tief durchzuatmen. Außerdem verschaffen wir uns damit die Möglichkeit beglückender Entdeckungen und neuer Begegnungen ...

- Wartet die große Liebe an der nächsten Straßenecke? Nur wenn Sie flanieren, werden Sie es herausfinden.

Katzen wissen, wie man sich ausruht, und schlafen für ihr Leben gern

Wenn ich meine Katze aufwecke, sieht sie mich an, als bedanke sie sich bei mir dafür, dass ich ihr die Möglichkeit gegeben habe, erneut einzuschlafen.

MICHEL AUDIARD

Wandeln wir eine Redensart ein wenig um, und sagen wir: »Schlafende Katzen soll man nicht wecken …« Betrachten Sie Ihre Katze lieber: Sie schläft und schläft und schläft. Wir alle schlafen für unser Leben gern. Es gibt so viele passende Momente. Nutzen wir sie!

Machen Sie stattdessen besser mal ein kurzes, erholsames Schläfchen und lassen Sie das Geschirr stehen, das »unbedingt« sofort gespült, abgetrocknet und aufgeräumt werden muss.

Gewöhnen Sie sich an, wie eine Katze die Ruhe zu suchen, und lassen Sie sich von Morpheus' Armen umfangen, sobald sich eine Gelegenheit bietet. Sie wissen ja, wie gut es Ihnen tut, sowohl Ihrem Geist als auch Ihrem Körper. Betrachten Sie Ihre Katze, wie sie sanft mit den Augen zwinkert. Sie weiß schon lange um die wohltuende Wirkung des Schlafs.

Katzen, die eigentlichen Erfinder des süßen Nichtstuns, des Dolcefarniente, pflegen nicht so sehr den Schlaf als vielmehr die Lust am wiederholten Einschlafen.

Der Schlaf gehört zu den Freuden des Lebens, nach denen eine Katze bevorzugt strebt, sowohl das leichte Dösen als auch der tiefe Schlummer, in dem sie ins Reich der Träume entschwindet. Schlafen bedeutet sich ausruhen, einschlafen, genießen und träumen. Und haben wir nicht alle hin und wieder Träume, in denen wir am liebsten verweilen würden?

Aber ja doch! Manch ein Traum ist sogar so schön, dass wir zu ihm zurückkehren möchten. Verflixt! Wo ist er nur, dieser kleine geheime Garten …

GENIESSEN SIE IHREN SCHLAF. DAS WIRD SIE NICHT DARAN HINDERN, ETWAS »AUS IHREM LEBEN ZU MACHEN«. VOR ALLEM NICHT IN DEM VERQUEREN SINN, DEN DIESE WORTE HEUTE MANCHMAL FÜR UNS HABEN.

Katzen können Nein sagen … und tun es auch!

Ich mag Katzen. Sie denken nach und
behalten ihre Gedanken für sich.

JEAN-MARIE GOURIO

Katzen finden es unerträglich, wenn man ihnen sagt, was sie tun sollen. Einem Befehl gehorchen? Nicht mit ihnen! »Such dir dafür einen Hund!«, denken sie dann.

Katzen sind eigensinnig bis in die Krallenspitzen. Nur sehr selten werden Sie eine Katze dazu bewegen können, einer Anweisung zu folgen.

Aber wie verhält es sich mit uns Menschen? Mögen wir es etwa, wenn man uns Befehle erteilt? Natürlich nicht. Dennoch unterliegen wir ihnen den lieben langen Tag, bei der Arbeit, zu Hause… Ganz zu schweigen von den unausgesprochenen Anordnungen, die den gesellschaftlichen Regeln implizit sind, welche wir minuziös befolgen zu müssen glauben!

Auch hier können wir uns Katzen zum Vorbild nehmen. Wir können von ihnen lernen, Nein zu sagen.

Hören wir auf, uns pausenlos den Bedürfnissen der anderen zu fügen und Anordnungen zu befolgen, die uns widerstreben, bis wir irgendwann in einer Art bedingungsloser Unterwerfung leben und andauernd Ja sagen, obwohl wir eigentlich Nein meinen. Wenn etwa eine kleine Gefälligkeit zur Gewohnheit geworden ist und Sie sie deshalb nicht mehr verweigern können, oder wenn Sie zusätzliche Arbeit leisten, die gar nicht zu Ihrem Aufgabengebiet gehört, und sowohl Vorgesetzte und Kollegen das als selbstverständlich erachten, Sie dafür aber nicht die Vergütung erhalten, die Ihnen zusteht… Nein!

Lernen Sie, hin und wieder Nein zu sagen, zu Ihren Kindern, Ihrem Partner, Ihrem Chef oder Ihren Freunden, und zwar nicht aus bloßem Egoismus, sondern um sich Ihre Handlungsfreiheit zu bewahren und Zeit für sich zu haben. Denn wenn Sie ständig zu allen Leuten Ja sagen, wie viel Zeit bleibt Ihnen dann noch für sich selbst, für Ihre eigenen Vorhaben und Bedürfnisse?

Wenn Sie lernen, Nein zu sagen, haben Sie mehr Zeit für sich selbst, schaffen sich Handlungsspielraum und sorgen für Ihr eigenes Leben. Aber Sie gewinnen damit auch den Respekt Ihres Umfelds, das unfairerweise manchmal Kapital schlägt aus Ihrer Unfähigkeit, Nein zu sagen.

Sorgen Sie für ein gesundes Gleichgewicht zwischen dem Befolgen von Anweisungen und kleinen Gefälligkeiten. Niemand ist verpflichtet, den anderen ständig zu Diensten zu stehen.

»NEIN! UND WENN ICH NEIN SAGE,
MEINE ICH AUCH NEIN! VERSTANDEN?«

ZUM NACHDENKEN …

**DIE DEVISE DER KATZEN:
WAS AUCH IMMER DU GETAN HAST,
TU SO, ALS SEI DER HUND DARAN
SCHULD.**

JEFF VALDEZ

Katzen gehen Konflikten (so weit wie möglich) aus dem Weg

Katzenliebhaber vermeiden jede Art von Kräftemessen.

ANNY DUPEREY

Außer wenn sie ihr Territorium verteidigen oder um die Katze des Nachbarn werben und dabei einem herumstreunenden Kater, der ebenfalls sein Glück versucht, eins überziehen, gehen Katzen Konflikten aus dem Weg.

Haben Sie schon einmal gesehen, dass Katzen sich zu einer Meute zusammenrotten, um einer anderen Meute eine Abreibung zu verpassen? Um angeblich ein Gebiet erobern oder natürliche Ressourcen verteidigen zu müssen? Und das Ganze unter der Führung zweier dicker Katzen, die wie militärische Befehlshaber geschmückt sind? – Undenkbar!

Und je älter Katzen werden, desto ausgeklügelter sind die Strategien, mit denen sie den Feind in die Flucht schlagen und so den Konflikt vermeiden.

Mein Kater Ziggy hat eine unfehlbare Methode entwickelt, mit der er große Kater vertreibt, die nachts auf sein Gebiet eindringen. Sobald er erkannt hat, dass Gefahr im Verzug ist, versteckt er sich und wartet ab. Anfangs hörte ich ihn in der Dunkelheit manchmal mit dröhnender Stimme knurren (das war ganz schön furchteinflößend!), und als ich hinausging, sah ich eine Katze durch den Garten davonsausen. Von Ziggy keine Spur. Ich rief ihn, aber er ließ sich nicht blicken.

Als ich ihn vom Inneren des Hauses aus in der Dunkelheit beobachtete, verstand ich seine Technik. Er versteckte sich in der finsteren Ecke der äußeren Fensterbank, geschützt von ein paar herabhängenden Zweigen des wilden Weins, erhob seine Stimme (die an einen Tiger denken ließ, kein Witz!) und warnte den Eindringling damit vor seiner angeblichen gewaltigen Physis, ohne sich jemals zu zeigen. Wenn der Feind in der Nähe bliebe, wüsste er, worauf er sich bei der bevorstehenden Rauferei einstellen musste. Das klappte fast immer. Die andere Katze ergriff die Flucht, Ziggy verharrte so lange auf seinem Aussichtsposten, bis er sicher sein konnte, dass der andere sein Revier wieder verlassen hatte, und setzte dann seinen nächtlichen Rundgang fort. Er besaß zwar nur drei Pfoten, aber mittels List, Strategie und Täuschung gelang es ihm, in der Dunkelheit den Konflikt zu vermeiden.

Katzen sind keine kriegerischen Geschöpfe und auch nicht streitsüchtig. Sie sind stolze Wesen, und solange ihr Terrain nicht in Gefahr ist, vermeiden sie es so weit wie möglich, handgreiflich zu werden. Dieses Prinzip findet sich auch in der Schrift *Die Kunst des Krieges* von Sun Tsu. Vielleicht hat er sich von Katzen inspirieren lassen, und das schon vor über zweieinhalbtausend Jahren. Bedauerlicherweise haben die obersten militärischen Strategen und Befehlshaber unserer Zeit offenkundig das Lesen verlernt …

Wie Katzen mit Konflikten umgehen, ist besonders interessant, wenn man bedenkt, dass die Menschheit seit Tausenden von Jahren sinnlose kriegerische Auseinandersetzungen führt und dabei noch immer kein Ende abzusehen ist.

In einem Konflikt verlieren immer beide Seiten. Katzen wissen das schon lange.

**SOWEIT ES MÖGLICH IST,
VERMEIDEN SIE KONFLIKTE!**

Katzen lieben ihr Zuhause über alles und stecken ihr Gebiet ab

Ich liebe Katzen, weil ich mein Zuhause liebe und sie im Lauf der Zeit dessen sichtbare Seele werden.

JEAN COCTEAU

Katzen lieben ihr Zuhause über alles. Ob es weiträumig oder beengt ist, es ist ihr Gebiet, und sie allein herrschen darüber. Manche Menschen, die mit einer Katze leben, sagen oft mit einem Schmunzeln: »Nicht meine Katze wohnt bei mir, sondern ich wohne bei meiner Katze!«

Weil Katzen dazu neigen, den Herrn zu geben, zu delegieren, sich bedienen zu lassen, dickköpfig zu sein und nur zu tun, worauf sie Lust haben, nehmen manche Katzenbesitzer aus Liebe zu ihren Gefährten zu viel Rücksicht auf deren Wünsche und Bedürfnisse. Hier muss jeder für sich selbst Grenzen ziehen, um für ein harmonisches Zusammenleben zu sorgen.

Uns soll daran interessieren, mit wie viel Liebe und Aufmerksamkeit Katzen ihr Zuhause und ihr Territorium pflegen und es schützen. Wussten Sie übrigens, dass sich auf dem Land das Revier einer Katze, auch einer Hauskatze, über drei oder vier Hektar erstrecken kann? Wundern Sie sich also nicht, wenn Ihre Katze stundenlang herumstreift – sie überwacht einfach nur ihr Hoheitsgebiet.

Katzen haben also eine starke Bindung an ihr Heim – auch wenn es sich nur um eine Zweizimmerwohnung handelt –, denn dieses Heim ist das Herz ihres Universums, in dem sie sich ja möglichst wohlfühlen wollen. Es bildet den Rahmen für ihr körperliches und seelisches Befinden.

Haben Sie schon einmal darauf geachtet, ob die Wohnungen Ihrer Freunde sauber, aufgeräumt und geschmackvoll eingerichtet sind? Verbringen Ihre Freunde viel Zeit zu Hause? Oder sind sie meistens unterwegs? Laden sie Sie oft ein?

Wenn Sie genau hinsehen, bemerken Sie dann nicht, wie sich Wohnung und emotionaler Zustand entsprechen? Häufig besteht ein direkter Zusammenhang zwischen dem inneren Glücksempfinden und der Ausgestaltung und der Pflege des eigenen Lebensraums. Als würde das eine das andere spiegeln, als lasse sich an der Wohnung unmittelbar das Wohlbefinden der Bewohner ablesen und manchmal auch das Bild, das diese von sich haben …

Und Sie, wie fühlen Sie sich in Ihrem Zuhause? Wie wirken die Wände Ihrer Wohnung, Ihre Möbel? Fühlen Sie sich dort wohl, haben Sie es sich bequem eingerichtet? Laden Sie gern Freunde zum Essen ein? Sind Sie stolz, wenn Sie Ihre Wohnung vorzeigen? Haben Sie ein Sofa mit unzähligen Decken und Kissen, auf das Sie sich am Sonntag kuscheln, um sich einen Film anzuschauen oder es sich einfach nur gut gehen zu lassen? Haben Sie in Sachen Wohlbefinden für ideale Bedingungen gesorgt?

Ihr Zuhause spiegelt Ihr inneres Wohlbefinden wider – ganz

wie bei einer Katze (allerdings können Sie darauf verzichten, Ihr Territorium zu markieren …).

Darüber hinaus dient es Ihnen als Refugium, als ein Ort, an dem Sie zur Ruhe kommen, wieder neue Kräfte sammeln und für eine Weile Abstand vom Trubel der Welt gewinnen können.

Ihre Wohnung bildet das Epizentrum Ihres Glücks. Von hier aus können Sie wie eine Katze Ihren Wohlfühlbereich in konzentrischen Kreisen erweitern, in Ihr Viertel hinein, in dem Sie sich auskennen, zu den Geschäften, die Sie regelmäßig aufsuchen, und bis in den Park an der Ecke, wo Sie im Sommer auf einer Bank sitzen und sich in aller Ruhe in ein Buch versenken. Wie eine Katze können Sie Ihr Territorium ausdehnen, Ihre ganz persönliche Komfortzone, in der Sie sich sicher fühlen.

Ihr Kokon sollte daher ein kuscheliges Nest sein, in das Sie jederzeit zurückkehren können, um sich zu entspannen, sich etwas Gutes zu tun, wieder zu sich zu finden und Menschen zu empfangen, die Ihnen lieb sind.

HOME, SWEET HOME! SORGEN SIE DAFÜR, DASS IHR KLEINER GOLDENER PALAST BEQUEM UND ANSEHNLICH IST. DAS WIRD IHR WOHLERGEHEN SPÜRBAR HEBEN.

DER TAGESABLAUF EINER KATZE

13.15 UHR: DER OBLIGATORISCHE MITTAGSSCHLAF.

Während Ihre Katze den halben Nachmittag dem Schlaf widmet, können Sie sich das nicht leisten.

- Aber nach dem Mittagessen und einem entspannten Spaziergang bleibt Ihnen sicher noch eine viertel oder halbe Stunde, bevor Sie wieder an den Schreibtisch zurückmüssen.
- Versuchen Sie es doch einmal mit einer Mini-Siesta! Dabei können Sie so viel Kraft tanken, als hätten Sie mehrere Stunden lang geschlafen. Wie Studien zeigen, ist die Wirkung einer halben Stunde Schlaf zwischen 13 und 14 Uhr alles andere als einschläfernd.
- Immer mehr Firmen ermutigen ihre Mitarbeiter zu dieser kurzen Form der Entspannung, weil sie sich davon eine Steigerung der Effizienz erwarten: »Powernapping« am Mittag fördert die Konzentration.
- Die Siesta nach Katzenart sichert also die Zukunft Ihres Unternehmens! Doch in erster Linie dient sie Ihnen dazu, die Folgen einer unruhigen Nacht auszugleichen, neue Energie zu tanken oder sich auf ein Treffen mit Freunden vorzubereiten, von dem Sie jetzt schon wissen, dass es sich vermutlich bis in die späten Abendstunden hinziehen wird.

Katzen schenken Vertrauen

Man kann niemandem vertrauen. Mit Katzen ist es anders. Wen sie einmal akzeptiert haben, dem bleiben sie ein Leben lang treu.

ANDRÉ BRINK

Wenn eine Katze Sie erst einmal als Gefährten im Leben akzeptiert hat, bringt sie Ihnen grenzenloses und unbedingtes, ja fast blindes Vertrauen entgegen. So legt sie sich etwa auf den Rücken, wenn Sie sie streicheln. Normalerweise nimmt eine Katze diese Haltung niemals ein (außer in ihrem vertrauten Heim, in dem sie sich vor allen Gefahren geschützt weiß), denn in dieser Position ist sie extrem verletzlich und kann auch nur schwer fliehen oder sich verteidigen. Und doch wird sie sich zwischen all den Liebkosungen und Zuneigungsbekundungen auf Sie oder neben Sie setzen, dabei die verrücktesten Positionen einnehmen und sich weiter liebkosen lassen, spielen und sich den Bauch kraulen lassen. Sie vertraut Ihnen einfach!

Dieses absolute Vertrauen drückt sich auf unterschiedliche Art aus, manche Verhaltensweisen sind jedoch eindeutige Beweise.

Bringen auch wir unseren Mitmenschen Vertrauen entgegen? Wie weit geht dieses Vertrauen?

Bisweilen fällt es uns schwer, nach einer Enttäuschung – sei es in einer Liebesbeziehung oder in einer Freundschaft – wieder Vertrauen aufzubauen. Auch wenn wir den Beteuerungen unseres Visavis glauben, sind wir auf der Hut, achten auf jede Kleinigkeit und interpretieren vieles falsch, warten auf Fehler und wittern hinter allem kleine Lügen.

Eine solch argwöhnische Haltung kann uns auf Dauer nachhaltig schaden. Denn wie sollen wir glücklich sein, wenn wir fortwährend in einem Zustand der Angst leben und ständig fürchten, verraten zu werden? Unmöglich.

Wenn wir unsere Ausgeglichenheit und Lebensfreude wiederfinden wollen, bleibt uns nichts anderes übrig, als erneut zu lernen, Vertrauen zu schenken, und zwar fast so, wie wir es von Katzen kennen: grenzenlos und unbedingt.

Aber wie eine Katze sollten wir uns zunächst sehr gut überlegen, wem wir vertrauen, und auch nicht mit der Tür ins Haus fallen, wenn wir unsere Gefühlswelt und unsere Lebensgeschichte offenbaren.

Folgen Sie im Umgang mit Menschen Ihrem Instinkt. Er wird Sie nie in die Irre führen. Und sobald Sie spüren, dass Sie den richtigen Menschen getroffen haben, sei es in Liebesangelegenheiten oder in Sachen Freundschaft, verschließen Sie sich Ihrem Glück nicht, indem Sie in Angst und Misstrauen verharren.

Öffnen Sie Ihr Herz, lassen Sie los, und schenken Sie Vertrauen. Dies ist der einzige Weg. Wenn Sie Ihr Glück in vollen Zügen auskosten wollen, haben Sie keine andere Wahl.

HALTEN SIE IHRE ÄNGSTE IM ZAUM, SEIEN SIE GROSSZÜGIG MIT IHRER LIEBE UND SCHENKEN SIE AUF WOHLÜBERLEGTE WEISE VERTRAUEN.

Katzen sind die geborenen Herrscher

Ist die Katze aus dem Haus,
tanzen die Mäuse auf dem Tisch.

SPRICHWORT

Katzen sind hervorragende Manager und die idealen Chefs, denn sie beobachten, ohne selbst etwas zu tun. Sie ermutigen mit Blicken und haben es nicht nötig herumzuschreien, um sich Respekt zu verschaffen. Sie sind da, und ihre bloße Anwesenheit genügt, damit die Mäuse schuften! Bei der Niederschrift dieses Buchs zum Beispiel bin ich die Maus. Ziggy fläzt sich auf dem Stapel Papier, beobachtet mich aus dem Augenwinkel und achtet darauf, dass ich mich nicht in meinen Träumereien verliere, damit das Manuskript auch pünktlich fertig wird!

Wie wir gesehen haben, bedeutet Arbeiten für eine Katze zum einen Delegieren. Das ist eine entscheidende Fähigkeit! Sowohl im Hinblick auf die Organisation der Arbeit und die Firmenstruktur als auch hinsichtlich der Wertschätzung der Mitarbeiter und ihrer Selbstständigkeit. Doch zum anderen bedeutet es, Präsenz zu zeigen, zu überwachen, zu sehen, ohne gesehen zu werden, ein Beispiel zu geben …

Ob Sie in einer Führungsposition sind oder nicht, die Haltung einer Katze können Sie in jeder beruflichen Situation anwenden. Hier einige Beispiele:

- Verausgaben Sie sich nicht sinnlos. Ordnen Sie Ihre Aufgaben nach Wichtigkeit und überlegen Sie, wie viel Zeit Sie jeweils dafür brauchen werden. *(Haltung der Katze: Die Spinne da oben? Lohnt sich nicht … Da warte ich lieber, bis sich eine Maus blicken lässt, bevor ich mich bewege …)*
- Laufen Sie nicht rastlos durch die Gegend, um sich den Anschein von Geschäftigkeit zu geben. Das sorgt bei Ihren Kollegen nur für überflüssigen Stress. *(Haltung der Katze: Hör auf, mit dem Staubsauger die Luft aufzuwirbeln! Mir ist schon ganz schwindlig.)*
- Seien Sie effizient, wenn es angebracht ist. Lösen Sie Probleme, wenn möglich, auf der Stelle. *(Haltung der Katze: Für wen hält sich dieser große Rothaarige eigentlich? Warte nur, dir werde ich schon Beine machen.)*
- Seien Sie stets wachsam, jedoch ohne es sich anmerken zu lassen. So bekommen Sie immer mit, was in Ihrem Unternehmen gerade passiert. *(Haltung der Katze: Ich weiß genau, dass du es bist, der mich da mit einer Feder kitzelt. Komm ruhig noch ein bisschen näher, dann wirst du schon sehen …)*
- Seien Sie bereit, schnell zu reagieren, falls es erforderlich ist, und legen Sie sich voll ins Zeug. *(Haltung der Katze: Maulwürfe überrennen den Garten? Dann krempeln wir mal die Ärmel hoch. Die fegen wir weg.)*
- Machen Sie regelmäßig eine Kaffeepause. So bleiben Sie auf dem Laufenden und pflegen soziale Kontakte. *(Haltung der*

Katze: Ist der Futterautomat noch voll? Was, schon leer? Dann reiß die Sardinenbüchse auf!)

* Tun Sie nicht so, als würden Sie arbeiten, wenn Sie eigentlich nichts tun. Früher oder später wird man Sie durchschauen. *(Haltung der Katze: Ich habe das ganze Gebiet gecheckt. Es ist alles in Ordnung, die Sicherheit ist gewährleistet. Und jetzt lass mich in Ruhe schlafen.)*
* Tun Sie nie so, als seien Sie überfordert. Denn das ist oft ein Zeichen für ineffizientes Arbeiten. *(Haltung der Katze: Keine Sorge, ich hab alles im Griff. Chchch …)*

WENN SIE DER CHEF SIND, TRETEN SIE STETS WIE EINE KATZE VERBINDLICH UND WOHLWOLLEND AUF, ERMUNTERN SIE DIE ANDEREN MIT BLICKEN UND ZEIGEN SIE PRÄSENZ.

UND OB SIE DER CHEF SIND ODER NICHT: NEHMEN SIE BEI DER ARBEIT DIE HALTUNG EINES CHEFS EIN. GEBEN SIE STETS IHR BESTES, OHNE VIEL AUFHEBENS DARUM ZU MACHEN!

Ihr sagt häufig – wir hören euch nämlich sehr genau zu, müsst ihr wissen –, wir seien Faulpelze und würden den ganzen Tag verschlafen.

Nun, zum einen schlafen wir zwar am frühen Abend ein paar Stunden. Dafür sind wir aber auch, anders als ihr, nachtaktiv. Das merkt ihr nur nicht, einfach weil ihr in der Nacht schlaft!

Zum anderen schlafen wir tagsüber euretwegen so viel. Während dieser ausgedehnten Schlafphasen befreien wir uns von all den negativen Schwingungen, Gedanken und Gefühlen, die wir zu eurer Entlastung von euch genommen haben.

Wir können sie nicht behalten und müssen unsererseits unseren Geist und unsere Seele reinigen. Dazu dient uns der Schlaf.

Wir können übrigens durchaus die schlechten Stimmungen mehrerer Familienmitglieder aufnehmen und euch allen euren inneren Frieden zurückgeben, aber dann brauchen wir entsprechend mehr Schlaf, um uns wiederherzustellen.

Wenn ihr so klug wart und ein junges Katzenpärchen zu euch genommen habt, können sich die beiden diese Aufgabe im Familienverbund teilen. Aber wenn wir uns gut bei euch eingerichtet haben, dann setzt uns kein kleines Kätzchen in den Korb, sonst drohen Mord und Totschlag! Ernsthaft!

Ziggy

Katzen sind beharrlich

Katzen wollen absichtlich nicht verstehen.

LOUIS NUCÉRA

Ja, Katzen sind eigensinnig, und sie sind ausgesprochen beharrlich! Wenn Ihre Katze sich in der Wiese verkrochen hat, können Sie sie noch so oft rufen – sie wird weder die Ohren aufrichten noch den Kopf umwenden. Sie kann stundenlang regungslos vor einem Mauseloch sitzen und warten, bis sich dort etwas tut. Katzen können erstaunliche Geduld und Beharrlichkeit beweisen und einen halben Tag lang still sitzen, ohne aufzugeben oder die Lust zu verlieren. Hier können wir viel von ihnen lernen, in beruflicher wie in privater Hinsicht.

Diese Hartnäckigkeit verdient durchaus Respekt und führt dazu, dass die Katze ihr Ziel erreicht: die Maus zu fangen. Dabei achtet sie weder auf die Zeit noch auf ihre Kräfte, während wir oftmals kurz vor dem Ziel aufgeben. Vielleicht sollten wir diese Haltung einmal ausprobieren.

Wenn es darum geht zu bekommen, was sie will, bringt eine Katze viel Geduld und noch mehr Hartnäckigkeit auf. Wir Menschen können uns vor dieser Haltung nur in Ehrfurcht verneigen.

»Gib niemals auf!« Für uns sind solche Worte oft nur eine Phrase – Katzen hingegen leben nach dieser Devise.

**BLEIBEN SIE GEDULDIG UND HARTNÄCKIG,
WAS AUCH IMMER SIE UNTERNEHMEN.
GEBEN SIE NIEMALS AUF.**

Katzen lassen stets Vorsicht walten

Eine Katze, die sich verbrüht hat, scheut selbst kaltes Wasser.

FRANZÖSISCHES SPRICHWORT

Katzen sind alles andere als Draufgänger, und wenn ihnen ein Missgeschick widerfährt, lassen sie sich das immer eine Lehre sein. Niemals nähern sie sich einem unbekannten Ort, einem Auto oder einem Gegenstand in ihrer Umgebung, ohne ihn vorher lange beobachtet und ohne eine Unzahl von Vorsichtsmaßnahmen getroffen zu haben. Eine Katze begibt sich niemals sinnlos in Gefahr. Alles Neue wird erst einmal bis ins Detail inspiziert, beschnuppert und analysiert.

Wer Vorsicht walten lässt, vermeidet eine Vielzahl Probleme, Konflikte und Unfälle. Der Mensch dagegen hat schon seit jeher – vermutlich aus mangelndem Instinkt – Wissen und Erfahrung nur gesammelt, indem er das glimmende Holzstück anfasste, um dann feststellen zu müssen, dass das ja ganz schön heiß ist! Wenn man sich dieses Vorgehen vor Augen führt, wirkt es reichlich seltsam. Der Mensch weiß nur, was er gelernt hat. Können Sie sich eine Katze vorstellen, die über glühende Kohlen läuft?

Wir alle sind schon einmal krank geworden, weil wir, ohne

darauf zu achten, etwas Verdorbenes gegessen haben. Und Katzen? Wie oft hat Ihre Katze schon die Nase gerümpft und sich von ihrem Napf abgewendet, weil das Futter nur leicht vertrocknet war, oder das Stück Schinken zurückgewiesen, das Sie ihr hingehalten haben, ohne dass sie es vorher ausgiebig beschnuppert hätte? Katzen laufen auch kaum Gefahr, sich zu vergiften. Sie nutzen all ihre Sinne und sind vorsichtig, insbesondere auch, was die Ernährung angeht.

Menschen sind oft von Natur aus unerschrocken und daher unvorsichtig, selbst als Erwachsene häufig noch so wie Kinder, die man vor allem warnen, denen man alles beibringen und die man vor zahlreichen Gefahren schützen muss. Aber wer hat den Katzen beigebracht, dass man sich am Feuer verbrennen oder im Wasser ertrinken kann und dass man sich von dem großen bellenden Hund besser fernhält? Wer hat ihnen gesagt, dass diese riesigen Dinger, die sich bewegen, stinken und Lärm machen, Autos sind, die sie überfahren könnten? Anders als Kinder wissen Katzen all das sozusagen a priori. Ihr Instinkt verleiht ihnen ein Gespür für Gefahren.

Wir Menschen haben nur noch einen schwach ausgeprägten Instinkt und wenig entwickelte Sinne. Das zeigt sich auch in den Beziehungen mit anderen. Wir alle haben wohl schon einmal gedacht: »Ich wusste, dass er mir das antun würde. Er war mir noch nie geheuer.«

Sie lagen mit Ihrer Vermutung richtig, und das Handeln dieses sauberen Herrn hat Ihre Vorahnung bestätigt. Aber sind Sie Ihrem Instinkt gefolgt, als Sie gespürt hatten, dass Sie mit ihm eigentlich nichts zu tun haben wollten? Nein. Oft lassen wir uns von dem leiten, was wir »Vernunft« nennen, und nicht vom Instinkt. Das ist bedauerlich, und im Lauf der Zeit erkennen wir, dass unser Instinkt uns niemals täuscht und immer in die richtige Richtung führt, uns Vorsicht lehrt und Wohlergehen verschafft.

Der erste Eindruck täuscht in den seltensten Fällen. Wenn Sie in Zukunft etwas vorsichtiger sein wollen, versuchen Sie, Ihren Instinkt wieder zu spüren, hören Sie auf Ihr Inneres und vertrauen Sie sich. Sie werden es nicht bereuen.

NUR WENN SIE IHRE ZWEIFEL ZULASSEN, KÖNNEN SIE SICHER SEIN. FOLGEN SIE IHREM INSTINKT!

DER TAGESABLAUF EINER KATZE

18.30 UHR: HOME, SWEET HOME. ZURÜCK INS KÖRBCHEN!

Gönnen Sie sich einen Moment der Ruhe und streicheln Sie Ihre Seele. Die Wäsche und die Mailbox können warten. Machen Sie es wie Ihre Katze und entspannen Sie sich nach Ihrem Arbeitstag für ein paar Augenblicke. Sie brauchen sich nicht sofort auf die unerledigten Aufgaben des Alltags zu stürzen. Nehmen Sie sich eine halbe Stunde Zeit, machen Sie es sich bequem, legen Sie Musik auf und finden Sie zu einer inneren Haltung, mit der Sie sich wohlfühlen.

- Verschnaufen Sie kurz, bevor Sie gut gelaunt den zweiten Teil Ihres Tages beginnen, der ganz Ihnen gehört und den Sie Ihren Bedürfnissen widmen, indem Sie sich kleine Freuden gönnen und etwa wieder einmal ein paar Freunde anrufen.

- Zu dieser Uhrzeit hat Ihre Katze meist nur eine einzige Sorge: »Gibt's nicht bald Futter?« Sie kann es kaum erwarten, denn sie weiß, dass Sie sich jetzt gleich, anders als am Morgen, Zeit nehmen und für sie eine Packung von den Lachshäppchen in Gelee aufmachen werden, die sie für ihr Leben gern verspeist.

- Um 18.30 Uhr ist für Ihre Katze wie auch für Sie der Moment der Ruhe gekommen, in dem die Aktivitäten des Tages zu Ende gehen und die Zeit der Entspannung anfängt. Und Sie tun gut daran, die Erschöpfung und den Stress, die sich im Lauf des Tages angesammelt haben, nicht in das Reich der Behaglichkeit des Abends mitzunehmen.

Katzen haben ein immenses Bedürfnis nach Liebe

Katzen sind Geschöpfe, die Liebkosungen horten können.

STÉPHANE MALLARMÉ

Wir alle brauchen Liebkosungen, Gesten der Zuneigung, kleine Zärtlichkeiten und Streicheleinheiten. Und während wir Menschen all diese kleinen Liebesbeweise oft entbehren müssen, zögern Katzen keine Sekunde, sie sich bei uns zu holen, wenn sie Lust darauf verspüren.

Hin und wieder hat unsere Katze das Bedürfnis, ganz mit uns zu verschmelzen, so wie wir uns an unseren Partner kuscheln und ihn ganz fest, aber auch zärtlich umarmen möchten.

Dieses Verlangen nach liebevoller Zweisamkeit ist häufig verbunden mit dem Bedürfnis, selbst Liebe zu erfahren. Nach Ansicht Sigmund Freuds besteht das erste traumatische Ereignis unseres Lebens darin, dass bei der Geburt die Nabelschnur durchschnitten wird. In dieser körperlichen Trennung drückt sich aus, dass die bis dahin verlässliche Liebesbeziehung zur Mutter für immer unterbrochen wird. In der Folge versuchen wir, in Beziehungen zu anderen, sei es in der Liebe oder der Freundschaft, das emotionale Band erneut zu knüpfen. In allen Beziehungen, die wir unterhalten, suchen wir diesen Quell der Liebe.

Je mehr es uns an Zuneigung mangelt, desto stärker suchen wir sie. Wir wollen so viel davon, dass sie uns ganz erfüllt und wir gleichsam davon überlaufen. Und wie Katzen entfernen wir uns für eine Weile vom Quell dieser Liebe, wenn wir gesättigt sind... nur um schon bald wieder zurückzukehren.

Wie stark wir uns nach Liebe sehnen, hängt auch davon ab, wie sehr wir uns selbst lieben. Manche Menschen sind sehr verschmust, andere sind etwas distanzierter. Die »Tagesdosis« Liebe, die wir brauchen, ist bei jedem anders. Doch wir alle brauchen Zärtlichkeit, Liebkosungen und warmherzige Gefühle.

All das holen wir uns bei unserem Partner, aber auch bei unserer Katze, so wie die Katze es sich bei uns holt, wenn sie den Kopf liebevoll unter unseren Arm schiebt. Sie schöpft Liebe aus uns, gibt uns aber auch Liebe zurück. Sie schmust nicht einfach nur, weil es sich gut anfühlt. Das Bedürfnis nach echter Liebe ist bei ihr nicht zu übersehen. Und wenn sie randvoll mit Gefühlen und Zuneigung ist, macht sie sich wieder davon.

Auf dieselbe Weise bitten auch wir um diese Liebe, warten darauf und suchen danach, nach dieser Liebe, die sich in Berührung ausdrückt, die wir aber auch für unsere Seele brauchen und die für uns alle lebensnotwendig ist, in körperlicher und emotionaler Hinsicht.

Wenn ihnen die Liebe fehlt, verwelken Menschen und Katzen jeden Tag ein bisschen mehr – wie Blumen. Daher braucht seit Anbeginn der Zeiten jedes Lebewesen ebendiese treibende Kraft der Liebe.

WIR ALLE BRAUCHEN LIEBE, DOCH WIR MÜSSEN SIE SCHENKEN KÖNNEN, UM SIE AUCH ZU BEKOMMEN. DAS IST EINE ESSENZIELLE VORAUSSETZUNG FÜR UNSER GLÜCK. DENN WAS WÄRE EIN LEBEN OHNE LIEBE?

Katzen sind von Natur aus bedächtig

In einem Haus mit einer Katze bedarf es keiner Skulpturen.

WESLEY BATES

Pausenlos auf Achse zu sein, ständig in Bewegung – wir alle kennen das. Wir sind so sehr im Hamsterrad des modernen Lebens gefangen und vom Stress geplagt, den es auslöst und den wir mit nach Hause nehmen, dass wir nicht mehr in der Lage sind, für einen Moment innezuhalten.

Wenn Sie von der Arbeit nach Hause kommen, werfen Sie dann Ihren Mantel aufs Sofa und hetzen Sie zwischen Wäschebergen und Stapeln unbezahlter Rechnungen hin und her, einen Besen in der einen Hand und einen Schwamm in der anderen?

Und während Sie mit zweihundert Sachen zwischen der Küche, dem Wohnzimmer und dem Arbeitszimmer hin und her sausen, sieht Ihre Katze Ihnen zu. »Die kuckt aber komisch«, denken Sie vielleicht. Das ist nicht verwunderlich, denn zum einen stören Sie sie und zum anderen fragt sie sich, ob Sie des Wahnsinns fette Beute geworden sind.

Nehmen Sie in solch einer Situation einfach mal die Fernbedienung Ihres CD-Players und drücken Sie auf »Pause«. Das ist keineswegs bildlich gemeint – tun Sie es wirklich! Atmen Sie tief ein und beruhigen Sie Ihren Atem. Noch im selben Moment werden Sie eine tief greifende Erleichterung verspüren, als hätten Sie Ihre Koffer auf dem Boden abgestellt. Auf Ihrem Gesicht wird sich ein Lächeln abzeichnen, und durch dieses Innehalten sowie durch den Blick Ihrer Katze, die Sie keine Sekunde aus den Augen gelassen hat, wird Ihnen die sinnlose Hektik bewusst, durch die Sie die Zeit nach Ihrem Arbeitstag in einen zweiten Arbeitstag verwandeln. Immer auf dem Gipfel der Nervosität und Hyperaktivität.

Nun werden Sie vielleicht entgegnen, dass das doch alles erledigt werden muss: Aufräumen, Waschen, Putzen. Das stimmt, aber Sie können sich auch zu einem günstigeren Zeitpunkt an diese Aufgaben machen, ohne Stress und ganz entspannt.

Wenn Sie dagegen weiterhin wie ein Wirbelwind herumsausen, wird Ihre Katze gemächlich aufstehen und sich einen ruhigeren Ort suchen, um sich zu putzen. Und während sie davonschleicht, wird es fast so aussehen, als würde sie den Kopf schütteln und denken: »Unverbesserlich! Kaum zu Hause, geht es mit Hochdruck weiter. Ich verziehe mich in den Kleiderschrank und mache es mir auf den Pullovern gemütlich. Dort dürfte ich eine Weile meine Ruhe haben!«

Wenn sie sich dann noch einmal zu Ihnen umdreht, bevor sie sich in Richtung der frisch gewaschenen Kleidungsstücke aus dem Staub macht (die Sie anschließend wieder reinigen dürfen), und sich mit einem Miauen von Ihnen verabschiedet, dann heißt das vermutlich: »Du wirkst zwar ganz schön gestresst und solltest dich wohl besser beruhigen – aber denk daran, meinen Futternapf aufzufüllen und das Katzenstreu zu wechseln. Das fängt schon an zu müffeln!«

HÖREN SIE AUF, STÄNDIG ETWAS ZU TUN! DAMIT VERGEUDEN SIE NUR SINNLOS ENERGIE! LERNEN SIE INNEZUHALTEN!

ZUM NACHDENKEN …

WIR BRAUCHEN NUR EINEN EINZIGEN BLICK MIT EINER KATZE ZU WECHSELN, UM DIE TIEFGRÜNDIGEN RÄTSEL ZU AHNEN, DIE JEDES FUNKELN IHRER AUGEN UNS RECHTSCHAFFENEN MENSCHEN AUFGIBT.

JACQUES LAURENT

Katzen machen deutlich, was sie wollen

Eine Katze gehört uns nicht.
Wir gehören der Katze.
FRANÇOISE GIROUD

Wenn sich eine Katze etwas in den Kopf gesetzt hat, macht sie keine Umschweife und lässt Sie so lange nicht in Ruhe, bis sie ihr Ziel erreicht hat. Sie ist anspruchsvoll, sie weiß, was sie will, und Sie werden sie nicht mit einer neuen Futtermarke zufriedenstellen können, wenn diese nicht mindestens genauso schmackhaft ist wie die alte. Sie wird sich naserümpfend abwenden oder sogar das Schälchen umwerfen – aber in jedem Fall können Sie die Packung entsorgen und wieder zur bewährten Marke zurückkehren. Ihre Katze weiß, was sie will, und lässt sich nicht davon abbringen.

Sie werden sie auch nie zur Rückkehr ins Haus bewegen, wenn sie abends herumstromert oder es sich nur wenige Schritte vor der Terrassentür in einem Dickicht von Blumen bequem gemacht hat.

Katzen sind ausgezeichnete Jäger, und wenn sie es auf ein Beutetier abgesehen haben, stellen sie ihm nach, bis sie es erlegt haben. Dies ist eine ihrer großen Stärken: Sie sind starrköpfig und hartnäckig, sie wissen, was sie wollen, und sind niemals zu Kompromissen bereit.

Wie oft müssen wir uns in unseren Wünschen einschränken – wegen diesem, wegen jenem … Und wie oft sagen wir uns: »Ich weiß zwar nicht, was ich will, aber wenigstens weiß ich, was ich nicht will.«

Ich mag diesen Satz nicht besonders, denn damit kehren wir oft das, was wir wirklich wollen, unter den Teppich, weil wir glauben, wir wüssten es nicht oder wären dazu nicht in der Lage.

»Was willst du wirklich?« Diese Frage sollten wir uns alle regelmäßig stellen und so aufrichtig wie möglich beantworten. Oft achten wir nur auf das, was unser Umfeld von uns »verlangt« oder erwartet, oder auf das, von dem wir glauben, wir seien dafür gemacht, und vergessen darüber, was uns im Innersten antreibt und wonach wir uns wirklich sehnen.

»Was willst du wirklich?« Eine Katze weiß das und richtet ihr Leben in jedem Augenblick danach aus.

Zu wissen, was man will, ist jedoch nur der erste Schritt. Der zweite besteht darin, es zu verwirklichen, es vom Leben zu verlangen und ohne Umschweife die Erfüllung der eigenen Wünsche anzustreben.

Wir sollten also das Kind beim Namen nennen, nicht um den heißen Brei herumreden und die Dinge anpacken.

Wir alle haben uns angewöhnt, das, was wir sagen wollen oder was wir verlangen, auf mehr oder weniger verschlungene Weise zum Ausdruck zu bringen. Diese Marotte ist in so mancher Hinsicht kräftezehrend.

Machen Sie Ihr Leben nicht komplizierter, als es ist. Scheuen

Sie sich nicht, die Dinge beim Namen zu nennen, Themen offen anzugehen, die Wahrheit unumwunden auszusprechen und klar zum Ausdruck zu bringen, was Sie wollen. Seien Sie direkt – damit verschwenden Sie weniger Zeit und Energie.

Katzen wissen, was sie wollen, und fordern es durch ihr Verhalten auf indirekte Weise ein. (Wir Menschen haben das Glück, über die Sprache zu verfügen, mit der wir unsere Forderungen ausdrücken können.) Aber sie belassen es nicht dabei: Sie handeln auch entsprechend.

SEIEN SIE DIREKT, ERHEBEN SIE FORDERUNGEN. »DAS WILL ICH, DAS KANN ICH, DAS MACHE ICH!« WIE FÜR EINE KATZE SOLLTE FÜR SIE DIESER SATZ EIN MANTRA WERDEN, DAS SIE STOLZ UND »MIT ERHOBENEN SCHNURRHAAREN« DURCHS LEBEN GEHEN LÄSST.

Katzen stellen Forderungen, und zwar ständig

Katzen leben offenbar nach dem Grundsatz, dass es nie schaden kann zu verlangen, was man will.

JOSEPH WOOD KRUTCH

Wie wir im vorigen Kapitel gesehen haben, brauchen wir manchmal, nachdem wir unsere Wünsche deutlich erkannt, formuliert und ausgesprochen haben, einen Ansatzpunkt, eine Art Hebel oder ein bisschen Unterstützung, um sie zu verwirklichen.

Oft scheuen wir davor zurück, um Hilfe zu bitten, etwa wenn wir Probleme bei der Arbeit oder persönliche Sorgen haben. Warum? Wir schämen uns, haben Angst, abgewiesen zu werden, oder Bedenken, uns zu offenbaren und um Beistand zu ersuchen, weil wir uns wie Bittsteller vorkommen … Und wenn wir in ernsthaften finanziellen Schwierigkeiten stecken, schämen wir uns umso mehr. Manchmal verbieten uns auch die Eitelkeit oder falsch verstandener Stolz, uns helfen zu lassen.

Eine Katze dagegen erhebt Forderungen, wenn sie Hunger hat, einen Streifzug unternehmen will oder Lust hat, gestreichelt zu werden. Selbst wenn Sie schlafen, scheut sie nicht davor zurück, Sie zu wecken, damit Sie ihre akuten Bedürfnisse befriedigen.

Auch in dieser Hinsicht haben wir vieles zu gewinnen, und zwar indem wir uns bei Bedarf in unserem Umfeld Hilfe holen. Und erstaunlicherweise findet sich immer jemand, der nichts lieber tut, als uns zur Seite zu stehen. Vorausgesetzt, wir haben ihn darum gebeten.

Wir alle kennen Sätze wie die folgenden: »Aber du hättest doch nur etwas zu sagen brauchen! Warum hast du mir denn damals nichts davon erzählt? Ich hätte dir helfen können!«

Sich unterstützen zu lassen ist oft ganz einfach. Und dann rückt meist auch schon eine Lösung in Sicht.

Katzen trauen sich, darum zu bitten. Und damit liegen sie immer richtig!

TRAUEN SIE SICH, UM HILFE ZU BITTEN. MANCHE MENSCHEN WERDEN SIE MIT FREUDE UNTERSTÜTZEN, WEIL SIE SICH DADURCH GEBRAUCHT UND GESCHÄTZT FÜHLEN.

DER TAGESABLAUF EINER KATZE

19.30 UHR: ZEIT FÜRS FUTTER.

Das Mittagessen war ein bisschen hastig, weil Sie es in Ihrer Mittagspause unterbringen mussten, doch abends haben Sie Zeit, sich etwas Gutes zu tun und sich etwas Leckeres zuzubereiten.

🐾 Ihre Katze hat Sie so weit gebracht, dass Sie ihr Lachsfilet in Gelee reichen, also gibt es keinen Grund, weshalb Sie sich selbst zum Abendessen mit einer Dose Ravioli zufriedengeben sollten, die Sie in der Mikrowelle nur halb aufwärmen und über die Sie die Parmesanreste reiben, die Sie aus dem hintersten Eck des Kühlschranks hervorgekramt haben.

🐾 Natürlich ist es leichter, zu zweit oder für zwei zu kochen, aber überlegen Sie sich, auch wenn Sie allein sind, ein paar Gerichte, die Sie mögen und die leicht zuzubereiten sind.

🐾 Decken Sie den Tisch ruhig auch mit schönem Geschirr! Gebratene Nudeln vom Chinesen direkt aus der Pappschachtel zu essen hebt nicht gerade die Stimmung, oder? Sorgen Sie auch mit Kleinigkeiten für Ihr Wohlergehen. Und wenn Sie mit Partner leben, nutzen Sie die Zeit des Kochens: Trinken Sie schon mal gemeinsam einen Schluck Wein, erzählen Sie einander, wie Ihr Tag war, necken Sie den anderen liebevoll, weil er zu wenig gewürzt oder die Kartoffeln falsch geschnitten hat ... Gönnen Sie sich diesen spielerischen und freudvollen Austausch. Dann ist die Küchenarbeit keine lästige Pflicht mehr, sondern Sie erleben während der Vorbereitung glückliche Momente, die Ihrem Abend gleich ein ganz anderes Gesicht verleihen!

Katzen sind stets aufrichtig

Eine Katze ist emotional absolut ehrlich.
Menschen verstecken, aus welchen Gründen auch immer,
ihre Gefühle. Eine Katze macht das nicht.

ERNEST HEMINGWAY

Wir alle lügen hin und wieder, zumindest ein bisschen. Und am häufigsten belügen wir uns selbst. Die kleinen »Korrekturen« der Wahrheit, die wir uns ab und zu leisten, machen uns allerdings nie besonderen Spaß, und oft schämen wir uns dafür und sind alles andere als stolz auf uns …

Katzen verbergen ihre emotionalen Zustände nie. Sie zeigen ihre Gefühle und Wünsche ganz offen, und ihr Verhalten entspricht immer dem, was ihnen durch den Kopf geht.

»Warum sollte ich es anders machen?«, würden Katzen wohl antworten, wenn man sie darauf ansprechen könnte. Man muss ihnen recht geben. Warum sollten sie sich ihrem Umfeld und sich selbst gegenüber anders als aufrichtig verhalten? So ist es schließlich am einfachsten.

Auf diese Weise braucht man kein Spiel zu spielen und keine bestimmte Haltung einzunehmen, man muss sich nicht die eigenen Lügen in Erinnerung rufen, um sich nicht in Widersprüche zu verwickeln … Man muss auch nicht einen einmal eingeschlagenen Kurs halten, in einer bestimmten Pose verharren oder Aufgaben erledigen, die einem zufallen, weil man mit etwas angegeben hat, nur um in seinem Umfeld keinen Verdacht aufkommen zu lassen und nicht als Prahlhans dazustehen.

Unwahrheiten zehren an der Substanz, vor allem wenn man darauf bedacht ist, nicht aufzufliegen. Und erfahrungsgemäß werden früher oder später alle Schwindler entlarvt, denn je länger sie ihr Spiel treiben, desto schwieriger lässt sich das immer dichter werdende Lügengespinst aufrechterhalten, weil es sich immer stärker mit der Umgebung vernetzt und alles immer komplexer wird.

Seien Sie also »faul«, was die kleinen und die großen Heucheleien angeht, und halten Sie sich an die Wahrheit. Wenn Sie aufrichtig wie eine Katze sind, werden Sie, wie wir gesehen haben, an Ausstrahlung und vor allem an Glaubwürdigkeit gewinnen. Sie tun sich selbst etwas Gutes und stehen auch nach außen hin viel besser da. Die anderen werden Ihnen mehr Vertrauen entgegenbringen, Sie selbst beruhigen Ihr Gemüt und steigen in Ihrer Selbstachtung.

SEIEN SIE AUFRICHTIG – SIE KÖNNEN DABEI NUR GEWINNEN.

Katzen bleiben still und beobachten

Wenn Katzen sprechen könnten,
würden sie darauf verzichten.
NAN PORTER

Katzen in freier Wildbahn miauen nicht, außer in der Paarungszeit. Dann miauen sie mit rauer Stimme, um ihre Rivalen zu vertreiben.

In den ersten Lebenswochen miauen Katzen, um sich durchzusetzen und auf sich aufmerksam zu machen, doch mit der Zeit werden sie immer schweigsamer.

Erwachsene Katzen lassen ihr helles, durchdringendes »Miau« nur gegenüber Menschen vernehmen. Damit wollen sie uns etwas mitteilen, und wir verstehen natürlich kein Wort. Daher sagen sie lieber die meiste Zeit nichts, hängen ihren Gedanken und ihren Beobachtungen nach, kümmern sich um ihr Wohlergehen und führen keine sinnlosen Diskussionen mit anderen Katzen oder mit Menschen, die nicht das Geringste begreifen.

Als kleine Kinder brabbeln wir wie junge Kätzchen die ganze Zeit vor uns hin, doch je mehr wir mit fortschreitendem Alter die Sprache beherrschen, desto besser drücken wir uns aus, auch wenn wir manchmal einfach blindlings drauflosreden.

Anders als wir Menschen werden Katzen sehr schnell »alt und erwachsen« und lernen recht bald zu schweigen. Sie sind stille Beobachter, denen wie gesagt nichts von unserem Tun und Lassen sowie keine Veränderung ihrer Umwelt entgeht. Aber nur selten geben sie dazu einen Kommentar ab.

Weil wir dazu neigen, fortwährend zu allem unsere Meinung kundzutun, unterdrücken wir etwas, was für unser Wohlergehen unerlässlich ist: die Fähigkeit zu schweigen. Als alte Plaudertasche kann ich ein Lied davon singen: Manchmal reden wir Unmengen Nonsens. Zuweilen gehen wir zu weit, werden falsch verstanden oder sind schlecht gelaunt und drücken uns daher missverständlich aus. Wir wollten eigentlich etwas anderes sagen, aber jetzt ist es zu spät, die Worte sind heraus und wurden durch keinen Filter abgemildert …

Schweigen zu lernen bedeutet, seine Impulse unter Kontrolle zu bringen, zu vermeiden, dass man hin und wieder Unfug redet, aber auch nachzudenken und die eigenen Überlegungen abzuwägen sowie die einzelnen Gedanken zu berücksichtigen. Es bedeutet aber auch, zuzuhören und ein Gespräch nicht an sich zu reißen oder den anderen die eigene Meinung wie eine absolute, unerschütterliche Wahrheit aufzunötigen.

Schweigen zu lernen bedeutet, Abstand zu halten und nicht alles vom eigenen Leben preiszugeben. Aufrichtig zu sein ist eine Tugend, aber in jeder Hinsicht, zu jeder Zeit und jedermann gegenüber offen zu sein ist vielleicht nicht die klügste Strategie, um sich vor Verleumdung zu schützen.

Sich zu äußern heißt nicht, sich zur Schau zu stellen. Austausch ist zwar unerlässlich, aber mit Beobachtung und genauem Zuhören vermag man bisweilen ebenso zu überzeugen wie mit Argumenten.

LERNEN SIE, ZU SCHWEIGEN UND DADURCH NICHT MEHR PAUSENLOS IM ZENTRUM DER AUFMERKSAMKEIT ZU STEHEN. LERNEN SIE ZUZUHÖREN UND LERNEN SIE ZU SCHWEIGEN. DANN HABEN IHRE WORTE IN DEN RICHTIGEN MOMENTEN UMSO MEHR GEWICHT.

ZUM NACHDENKEN …

DER MENSCH IST IN DEM MASS ZIVILISIERT, IN DEM ER IMSTANDE IST, DIE KATZE ZU VERSTEHEN.

GEORGE BERNARD SHAW

Katzen sind treue Freunde

Wer eine Katze hat, braucht das Alleinsein nicht zu fürchten.

DANIEL DEFOE

Wenn Ihre Katze entschieden hat, dass Sie zu ihrer Welt gehören, wird sie wie gesagt auf immer Ihr Freund und Vertrauter bleiben. Daher wird sie sich jeden Tag um Sie kümmern, sich mit leisem Miauen danach erkundigen, was es Neues gibt, Ihre Klagen anhören, Sie beruhigen, Sie trösten … Sie wird in jeder Sekunde für Sie da sein.

Und wir Menschen, stehen wir unseren Freunden auch immer zur Seite und haben wir ein offenes Ohr für sie? Seien wir ehrlich: Lassen wir nicht jede Beziehung hin und wieder schleifen, auch wenn sie lange gebraucht hat, um sich zu entwickeln?

Wir können uns ein Beispiel daran nehmen, mit wie viel Treue, Selbstlosigkeit, Zuwendung und Freundschaft Katzen uns begegnen, und unsere Freunde im Grunde ganz genauso behandeln.

Bestimmte Lebenslagen oder Veränderungen führen oftmals dazu, dass wir – freiwillig oder unfreiwillig – die Beziehungen zu den Menschen, die uns am nächsten stehen, vernachlässigen.

Wir alle wissen etwa, wie es ist, wenn eine Liebesbeziehung anfängt! Das in Leidenschaft verbundene neue Paar vergisst wochen- oder gar monatelang die Welt um sich herum … Das ist nachvollziehbar, und wir alle haben es wohl schon mal erlebt. Nach einer Weile kehrt aber die Normalität zurück, und wenn die Wogen des ersten Rauschs abgeebbt sind, nehmen wir die Beziehungen zu unserem Umfeld nur umso intensiver wieder auf.

Manche Paare entscheiden sich jedoch in dieser Phase – bewusst oder unbewusst –, ihr Leben völlig auf den Kopf zu stellen, nicht mehr den Kontakt zu denen zu suchen, die seit Jahren ständige Begleiter waren, und sich nur noch ihrer neuen Leidenschaft zu widmen. Aus diesem Verhalten spricht unverhohlener Egoismus, und Freunde und Familie fühlen sich verlassen, ja verraten.

»Seit sie einen Freund hat, bekommt man sie überhaupt nicht mehr zu Gesicht!« Einen Satz wie diesen haben Sie wahrscheinlich schon einmal gehört oder voller Enttäuschung selbst ausgesprochen.

Was Treue in Freundschaftsbeziehungen angeht, können wir von Katzen sehr viel lernen. Sie sind – absolut verbindlich und ohne jede Berechnung – vom ersten bis zum letzten Tag für uns da.

Katzen können bisweilen mehr Menschlichkeit an den Tag legen als wir Menschen, die wir immer wieder versucht sind, uns in unser Schneckenhaus zurückzuziehen, und dabei alles vergessen, was uns je geschenkt wurde, und auch, welche Worte gewechselt wurden.

Freundschaftsbande sind kräftige Bande, vielleicht sogar kräftiger als Liebesbande. Jedenfalls sind sie oft von längerer Dauer … Wenn wir eine Freundschaft zugunsten einer amourösen Schwärmerei aufgeben – unter dem Vorwand, den Normen einer Gesellschaft zu entsprechen, die verlangt, dass wir in einem gewissen Alter »unter die Haube« kommen –, sprechen allein daraus schon Berechnung und die Absicht, »gut dazustehen«.

Wer sich so verhält, kann außerdem sicher sein, dass nach einer eventuellen Trennung keiner der alten Freunde mehr seine Unterstützung anbietet.

PFLEGEN SIE IHRE FREUNDSCHAFTEN. SIE GEHÖREN ZUM KOSTBARSTEN, WAS DAS LEBEN ZU BIETEN HAT. MACHEN SIE ES WIE DIE KATZEN: GEBEN SIE FREUNDSCHAFTEN NIEMALS AUF!

Katzen konzentrieren sich auf das Wesentliche

An Katzen schätze ich die Selbstverständlichkeit, mit der sie sich zwischen den Salons und der Gosse, aus der sie stammen, hin und her bewegen.

FRANÇOIS-RENÉ DE CHATEAUBRIAND

Wenn ich meiner Katze dabei zusehe, wie sie sich geflissentlich um ihre Körperhygiene und ihre elegante Erscheinung kümmert, aber ebenso gut in den ekelhaftesten Mülltonnen wühlt, weil sich dort ja vielleicht etwas Interessantes verstecken könnte, kommt mir manchmal ein erstaunlicher Gedanke: Luxus und materielle Güter sind ihr nicht wichtig. Und genauso wenig pflegt sie ihr Image.

Ich kann mich auch noch gut an die Katze einer Freundin erinnern, eine prächtige weiße Angorakatze mit grünen Augen. Wenn sie von ihren Streifzügen zurückkam, starrte sie regelmäßig nur so vor Dreck, weil sie sich in irgendwelchen Kellern im Schmutz gewälzt hatte. Wieder zu Hause, machte sie es sich auf den Sofakissen gemütlich und putzte sich ausgiebig. Sie fühlte sich in beiden Welten wohl und wollte auf keinen Fall wie ein gebrauchter Putzlumpen aussehen, wenn sie nach ihren Ausschweifungen wieder durch die Straßen spazierte.

Wir sollten uns viel öfter ein Beispiel an diesem Verhalten nehmen und uns immer wieder aus unserer gewohnten Umgebung und von unserem materiellen Besitz lösen, ihm nicht zu viel Bedeutung beimessen und auch nicht pausenlos unser Spiegelbild aufpolieren. Dadurch können wir zu etwas mehr Bescheidenheit zurückfinden, uns der Wahrheit nähern und wieder lernen, das Wesentliche vom Oberflächlichen zu unterscheiden.

Für eine Katze sind weder materieller Besitz noch die eigene soziale Stellung von Bedeutung. Für sie zählen allein der Genuss und die Erfüllung ihrer Wünsche! Und was ist mit ihrem Umfeld? Den Blicken der anderen, ihren Urteilen? Wir wissen es bereits: Sie pfeift drauf!

Wenn eine Katze etwas in ihren Besitz bringen oder neue Entdeckungen machen möchte, sagt sie sich: »Ja, ich werde mich schmutzig machen. Na und? Dann putze ich mich anschließend eben! Aber jetzt … Wo ist es denn hin, dieses fette Vieh mit dem langen Schwanz …? Ah, in diese Richtung! Unter dem großen Müllhaufen dort ist es verschwunden. Na, dann mal los!«

Tun Sie, was Ihnen Freude bereitet, und zwar dann, wenn Sie es möchten. Und machen Sie sich ansonsten keine unnötigen Gedanken.

VERLEIHEN SIE MATERIELLEN DINGEN NICHT ZU VIEL BEDEUTUNG. SIE KENNEN DOCH DIE SENTENZ »ALLES, WAS WIR BESITZEN, BESITZT AUCH UNS«.

DER TAGESABLAUF EINER KATZE

20.30 UHR: EIN ENTSPANNTER ABEND.

Nach einem »beschwerlichen« Tag macht es sich eine Katze auf dem Sofa bequem und gönnt sich ein wenig Entspannung.

- Bestimmt fragt sie sich: »Warum sitzt er noch immer am Schreibtisch und hämmert wie ein Irrer in die Tasten?« Dann kommt sie zu uns, schleicht über die Tastatur und wischt uns mit dem Schwanz übers Gesicht, und wir stöhnen auf, weil wir »vorwärtskommen« und heute noch »fertig werden« müssen …

- Katzen erinnern uns daran, dass alles seine Zeit hat: die Arbeit, die Familie, der Partner, Entspannung – und natürlich auch die eigene Katze.

- Es ist 20.30 Uhr, und Katzen finden, dass man zu so später Stunde nicht mehr »vorwärtskommen« muss, sondern dass es Zeit ist aufzuhören. Stopp!

- Meistens habe ich nicht auf meine Katze gehört, wenn sie sich vor mir auf den Schreibtisch gelegt hat, nachdem sie eine ganze Weile um meine Beine und über die Tastatur geschlichen war und sich die Schnauze am Rand des Bildschirms gerieben hatte … Es wurde 22 Uhr, 23 Uhr, und ich blieb zwischen den Worten stecken, ohne wirklich noch »vorwärtszukommen«.

- Wer hatte recht? Ich hatte auf einen entspannten Abend verzichtet und bei meiner Arbeit kaum etwas geschafft.

- Mittlerweile halte ich mich an die Regel: Spätestens um 21 Uhr schalte ich den PC aus. Einen schönen Abend!

Katzen verhalten sich stets natürlich

Soweit ich weiß, sind Katzen die einzigen Tiere, bei denen sich sämtliche Emotionen an der Stellung der Ohren, an den Pupillen und den Bewegungen des Schwanzes ablesen lassen.

ANNE CALIFE

Keine Verführung mit Hintergedanken, kein Rollenspiel, keine vorgespiegelte Attitüde – eine Katze begegnet Ihnen niemals in einer Verkleidung oder mit einer bestimmten Haltung. Was auch immer sie will, worum auch immer sie bittet, sie ist dabei stets im Einklang mit ihrer Persönlichkeit.

Wie wir gesehen haben, sind Katzen aufrichtig, weil das am einfachsten ist. Warum sollten sie auch eine bestimmte Pose einnehmen und sich anders darstellen, als sie sind? Was würde ihnen das bringen?

Wenn wir Menschen das tun – oftmals aus Mangel an Selbstvertrauen –, was haben wir davon? Nichts. Wir lügen uns damit nur in die eigene Tasche und belügen auch die anderen. Das Schlimmste dabei ist: Wir sind davon überzeugt, dass unsere »Verkleidung« in einer bestimmten Situation oder für die Begegnung mit bestimmten Menschen glaubwürdiger als unser wahres inneres Wesen wäre. Was für eine Dummheit!

Kann eine Filmdekoration aus Pappmaschee jemals so erhaben sein wie ein echtes Gebirge oder ein aufgewühlter Ozean?

Neben den Lügen, die wir uns ausdenken, um nicht als unfähig zu erscheinen, ist dies ganz gewiss die beste Methode, uns zu verschließen und jeden Charme und jede Ausstrahlung zu zerstören.

Unser natürliches Wesen ist nicht aus Kunststoff, es strahlt das aus, was wir sind, und macht uns in den Augen der anderen schön, interessant und glaubwürdig.

Wenn wir uns natürlich verhalten, zeigen wir uns so, wie wir sind, ohne Verstellungen oder falschen Schein. Wenn es uns gelingt, in jeder Lebenslage natürlich zu bleiben und ganz die zu sein, die wir sind, werden wir von den anderen geachtet und versetzen sie bisweilen sogar in Erstaunen. Unterschätzen Sie sich nicht.

**BLEIBEN SIE NATÜRLICH –
IN JEDER LEBENSLAGE.**

Katzen sind demütig und nachsichtig

Katzen sind nicht gehalten,
nach der Natur der Löwen zu leben.

BARUCH DE SPINOZA

Wir alle neigen dazu, die Latte manchmal ein wenig zu hoch zu legen und unnachgiebig mit uns selbst zu sein. Das kann sogar bis zur Selbstgeißelung gehen.

Nichts ist dagegen zu sagen, wenn wir zielstrebig sind oder das Beste aus uns herausholen wollen. Aber ebenso wichtig ist es, im Falle des Scheiterns nachsichtig mit sich selbst zu sein.

Wenn Sie bei einer Arbeit oder einem Projekt alles gegeben haben und aufrichtig geblieben sind, dann wird niemand Ihnen etwas vorwerfen. Kein Mensch hat verlangt, dass Sie zu jedem Zeitpunkt auf allen Gebieten glänzen und sich dabei völlig verausgaben.

Was hat das nun mit dem zu tun, was wir von Katzen lernen können? Der zitierte Satz von Spinoza macht es deutlich: Katzen gehören zwar zur selben Tierfamilie wie die Löwen, aber sie ärgern sich nicht den ganzen Tag grün und blau, weil sie nicht so schnell und so kräftig sind wie ihre großen Verwandten. Katzen sind nicht die Könige der Wüste und werden es auch niemals sein. So manche Katze ist nicht mal das Oberhaupt der Katzengemeinschaft in ihrer Straße. Na und? Lebt sie deswegen weniger intensiv? Ist sie deswegen weniger glücklich? Zermartert sie sich pausenlos den Kopf, weil sie einen Platz einnehmen oder einen Status erreichen will, die für sie unerreichbar sind? Macht sie sich deshalb Vorwürfe?

Auch wenn wir demütig bleiben und uns so akzeptieren, wie wir sind, können wir stolz auf uns sein und auf das, was wir tun. Sollen wir nicht singen, nur weil wir nicht Freddie Mercury sind? Sind wir deswegen weniger wertvoll? Oder einfach nur anders?

Wir tun daher gut daran, das Beste aus dem zu machen, was uns gegeben ist, und auf unserem Weg fortzuschreiten. Denn obwohl die Katze weiß, dass sie niemals ein Löwe sein wird, macht sie große Sprünge, rennt herum, geht auf die Jagd und ist zwar nicht der König der Wüste, aber doch der König Ihres Sofas!

SEIEN SIE DEMÜTIG IN IHREM TUN,
ÜBEN SIE NACHSICHT MIT SICH SELBST,
ABER GEHEN SIE IHREN WEG.

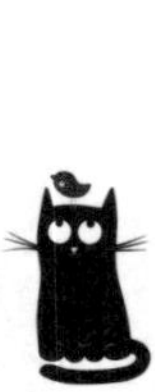

Manche von euch mögen es, wenn wir bei ihnen im Bett liegen, aber oftmals werden wir beim Zubettgehen auch vor die Tür gesetzt. Zugegeben, in jungen Jahren sind wir ziemlich umtriebig, und weil wir nachts nicht viel schlafen, spielen wir im Bett gern herum. Aber das legt sich mit der Zeit, und wir werden ruhiger. Also verschließt uns eure Tür nicht – wir werden friedlich zu euren Füßen schlummern.

Wir kommen nämlich nicht nur wegen der Kissen und der weichen Decke zu euch ins Bett, sondern auch, um euch zu beschützen.

Wer achtet darauf, dass keine bösen Geister euren Schlaf stören?

Wer sitzt im Dunkeln auf der Fensterbank im Wohnzimmer und hält Wache, damit keine Unholde euer Haus heimsuchen?

Auch das gehört zu unseren Aufgaben. Wir schlafen bei euch, um euch zu beschützen. Das mag euch versponnen vorkommen, und ihr könnt mir glauben oder nicht … aber behaltet es im Hinterkopf.

Ziggy

Katzen haben bei allem ihren Spaß

Wenn ich mit meiner Katze spiele – wer weiß, ob ich nicht mehr ihr zum Zeitvertreib diene als sie mir?

MICHEL DE MONTAIGNE

Wenn wir wieder einmal eine schmerzliche Erfahrung gemacht haben, fragen wir uns bisweilen, ob das Schicksal das wirklich ernst meint. Um die düsteren Aspekte des Lebens etwas aufzuhellen oder eine bestimmte Situation in einem anderen Licht zu sehen (»Ist das Glas halb voll oder halb leer?«), hilft es, den Spaß nicht zu verlieren.

Den Spaß nicht zu verlieren ist eine entscheidende Voraussetzung für das Empfinden von Glück. Ausgesprochen ernste Menschen, die sich in Hirngespinsten verlieren, aus denen sie nicht mehr herausfinden, verlieren oftmals die Fähigkeit, zu spielen, sich zu amüsieren und zu lachen. Sie wirken geradezu, als hätten sie das Lächeln verlernt.

Das Spiel ist eine Hauptbeschäftigung von Katzen, und die Jagd gehört für sie zum Spiel, auch wenn sie bisweilen grausam sein kann, etwa wenn eine Katze stundenlang mit einer Maus jongliert, sie ein paar Schritte weit flüchten lässt und dann wieder auf den Boden schleudert … Hier bestimmt die Natur das

Spiel. Wir Menschen haben Tausende andere Arten erfunden, uns zu amüsieren und zu lachen.

Erhalten wir uns diese Fähigkeit: zu lachen, über alles zu lachen, uns selbst nicht zu ernst zu nehmen, von unserem hohen Ross herabzusteigen und nicht, wie es manchmal zu hören ist, vorzuschützen: »Tut mir leid, aber in meiner Stellung kann ich mir das nicht leisten …«

Das Bild, das wir nach außen abgeben, das Bild, das wir von uns selbst haben, unaufrichtiges Verhalten, das wir uns angewöhnt haben, der bereits erwähnte Wille, »gut dazustehen«: All das hindert uns daran, unseren Spaß zu haben und zu lachen – ein zutiefst menschlicher Zug. Und doch reden wir uns manchmal ein, ihn vergessen zu müssen.

BEHALTEN SIE SICH IHREN SPASS!
BEI ALLEM!
LACHEN SIE ÜBER SICH SELBST!
IN JEDEM AUGENBLICK!

Katzen sind schön … und sie wissen es

Für eine bestimmte Art der Schönheit gibt es keine Worte. Katzen sind von einer solchen Schönheit.

LOUIS NUCÉRA

Katzen sind schön, und zwar alle, erstaunlicherweise! Nur sehr selten begegnet man einer hässlichen Katze, außer sie ist ungepflegt, alt oder krank. Schön zu sein gehört zum Wesen der Katzen, von der Geburt bis zum Tod, und sie zeigen auch kaum Alterserscheinungen. Bekommt eine Katze Falten? Fallen ihr die Haare aus? Warum sind wir Menschen oft so sehr von körperlichem Verfall gezeichnet?

Sind wir in dieser Hinsicht die »Krone der Schöpfung«?

Katzen sind schön, aber das hat weiter keine Bedeutung. Doch vielleicht erwächst das Selbstvertrauen, das sie fortwährend zur Schau stellen, zu gewissen Teilen auch aus dieser Tatsache: Sie sind schön, und sie sind sich dessen bewusst.

Vielleicht haben Katzen im Hinblick auf sich selbst keinen Begriff von Schönheit, und doch stellt ihre Schönheit wahrscheinlich eine große Befreiung in ihrem Leben dar!

Für uns Menschen jedoch – schwache Geschöpfe, die wir sind – ist Schönheit eine unabdingbare Voraussetzung für unser Glück und unser Selbstvertrauen, und diesen Umstand können wir nicht einfach beiseitewischen, indem wir sagen: »Auf die innere Schönheit kommt es an.« Das ist falsch und zu kurz gegriffen, und wir alle wissen das.

Die Natur hat es so eingerichtet, dass wir nicht alle den gleichen Anteil an dieser Schönheit bekommen haben, an dieser natürlichen Anmut, die manchen von uns in die Wiege gelegt wird. Doch wer nicht dem Schönheitsideal entspricht und als das Maß aller Dinge gelten kann, muss nicht gleich eine abstoßende Erscheinung bieten. Dazwischen liegt ein weites Feld.

Auf diesem weiten Feld kann jeder von uns seinen Platz finden und sich dabei im eigenen Körper wohlfühlen, in der eigenen Haltung, in der eigenen Art, sich zu kleiden. Dabei geht es nicht darum, in den Augen der anderen »gut dazustehen«, wie wir es genannt haben, sondern sich in seiner Haut wohlzufühlen und ausgeglichen zu bleiben.

In Sachen Schönheit gibt es nur ein Regelwerk und nur einen Richter, der unbefangen urteilt (außer er urteilt nach Maßstäben, die nicht die seinen sind): Sie selbst. Sie, die Sie vor dem Spiegel stehen. Niemand sonst!

Wenn Sie sich im Spiegel selbst gegenüberstehen und sich ehrlich schön finden, werden Ihre Ausstrahlung, Ihre Aura und infolgedessen auch Ihre Verführungskräfte beträchtlich wachsen.

Sich selbst schön zu finden ist äußerst wichtig. Aber beurteilen Sie sich nicht nach den falschen Kriterien! Wenn Sie wie ein Model auf einem Magazincover aussehen wollen, folgen Sie nicht nur bestimmten Regeln (und zwar denen dieser abgemagerten Bohnenstangen – nein danke!), sondern Sie zeigen damit in erster Linie, dass Sie nicht aussehen wollen wie Sie selbst, sich nicht so annehmen, wie Sie sind, und sich selbst nicht lieben. Aber wer soll Sie denn sonst lieben in dieser großen Maskerade aus Blendung und Verstellung?

**WAHRHAFT SCHÖN SIND WIR NICHT,
WENN WIR EIN IDEAL ANSTREBEN, DAS
ÜBERALL ZUR SCHAU GESTELLT WIRD,
SONDERN WENN WIR UNS SO GEBEN,
WIE WIR WIRKLICH SIND: MIT ALL
UNSEREN ENTFALTUNGSMÖGLICHKEITEN.
PERSÖNLICHER CHARME,
DARAUF KOMMT ES AN.**

DER TAGESABLAUF EINER KATZE

23.00 UHR: IM REICH DER TRÄUME.

Nach einem langen, vielleicht auch anstrengenden Tag ist jetzt die Zeit gekommen, Mäuse zu zählen.

- Und wo könnte man alle quälenden Gedanken und seine Zipperlein besser lindern als unter einer dicken, kuscheligen Bettdecke? Aber da kommt auch schon die Katze angeschlichen und will zu Ihnen ins Bett.

- Wie wir im letzten »Katzengeheimnis« erfahren haben, will sie sich aber vermutlich nicht ohne Grund an Sie schmiegen oder es sich auf Ihrem Bauch zum Schlafen gemütlich machen.

- Kennen Sie die Schnurrtherapie? Oder die Wohltat, die Ihre Katze Ihnen angedeihen lässt, wenn sie sich instinktiv auf die Organe legt, die erschöpft oder krank sind? Regelmäßig erscheinen Studien, die über die heilende Wirkung von Katzen berichten. Lassen wir also die Katze in unser Bett, und nutzen wir ihre Fähigkeiten. Sie kann sich nichts Schöneres vorstellen.

- Am Morgen hat Ihre Katze sich dann oft ein bisschen Ruhe gesucht. Sie liegt ein Stück weit entfernt und schläft ganz einfach bei Ihnen, zu Ihren Füßen …

- Auch wenn uns so manches von Katzen unterscheidet und wir viel von ihnen lernen können, sind wir ihnen doch in einem Punkt gleich. Wie ein libanesisches Sprichwort sagt: »Die Träume einer Katze wimmeln nur so von Mäusen.«

- Gute Nacht!

Katzen fühlen sich in jeder Situation wohl

Katzen begnügen sich damit, zu sein.
Dieses Wort passt am besten zu ihnen.
LOUIS NUCÉRA

Auch wenn wir im Lauf der Zeit an Selbstvertrauen gewinnen und dadurch heikle Situationen leichter meistern, geraten wir im Leben immer wieder in Situationen, in denen wir allen Grund haben, uns unwohl zu fühlen.

Das liegt oftmals daran, dass wir uns nicht auf Augenhöhe zu befinden glauben. Aber mit wem? Mit was? Mit den anderen natürlich. Und weil wir nicht dem Bild entsprechen, das wir nach außen vermitteln möchten.

Haben Sie jemals eine Katze gesehen, die sich unwohl fühlt in dem Sinne, wie wir Menschen uns unwohl fühlen? Sicher nicht! Diese Art des Unbehagens ist eine so durch und durch menschliche Empfindung, dass wir nur selten auf die Idee kommen, sie einer Katze zuzuschreiben.

Nein, eine Katze wird sich nie unwohl fühlen. Wie wir schon öfter in diesem Buch gesehen haben, muss eine Katze kein Bild von sich selbst aufrechterhalten. Sie *ist* – und damit genug. Daher verbirgt sie auch nie etwas vor sich oder der Welt, sie bringt sich nicht mit kleinen Lügen über ihre Person oder ihre Fähigkeiten aus dem Gleichgewicht – und genau das sorgt ja bei uns allen in manchen Situationen für ein gewisses Unwohlsein.

Wenn wir uns nicht wohlfühlen, liegt das oft an den gedanklichen Konstrukten, die wir selbst errichtet haben.

Laufen wir in solchen Momenten Gefahr, »entdeckt« zu werden? Nicht dem zu entsprechen, was wir behauptet oder für uns in Anspruch genommen haben und was zu dem Bild gehört, das die anderen von uns haben (sollen)?

Wir fühlen uns unwohl, wenn wir mit dem Rücken zur Wand stehen, im Spannungsfeld zwischen unseren Worten einerseits und unseren Taten oder unserem Wesen andererseits. Je größer die Lügen sind, desto größer wird der Spagat, den wir dazwischen zu bewältigen haben, und desto unwohler fühlen wir uns. In genau dieser Lage befinden sich alle krankhaften Lügner, wenn wir ihnen irgendwann auf die Schliche zu kommen drohen.

Unwohlsein entsteht wie gesagt auch dann, wenn wir das Gefühl haben, mit unserem Gegenüber nicht auf Augenhöhe zu sein. Das ist hauptsächlich eine Frage des Selbstvertrauens, aber wie wir wissen, können Selbstsicherheit und der Glaube an uns selbst auch dann wachsen und gedeihen, wenn sie uns nicht von Natur aus gegeben sind. Und unsere Katze kann uns bei dieser Entwicklung leiten und uns helfen.

Damit wir uns wirklich in jeder Lebenslage gut fühlen, müssen wir ehrlich zu uns selbst und zu den anderen bleiben und dürfen uns nicht an einem Bild festhalten, das wir ihnen vermitteln wollen. Denn das Bild, das wir abgeben, kann nur dann positiv sein, wenn wir uns an die Katzenregeln halten.

**SICH UNUNTERBROCHEN WOHLZUFÜHLEN
IST NICHT IMMER LEICHT.
ABER WENN ES GELINGT – WAS FÜR EIN
KATZENHAFTER TRIUMPH!**

Katzen beweisen Empathie

Der einzige Mensch auf der Welt,
der mich versteht, ist meine Katze.

DIANE GONTIER

Katzenbesitzer wissen, dass Katzen immer ein offenes Ohr haben. Sind wir Menschen zu so viel Altruismus fähig? Können wir so gut zuhören? Bringen wir für die anderen so viel Empathie auf wie unsere Katzen, wenn sie uns ansehen?

Wir werden zugeben müssen, dass wir ihnen in dieser Hinsicht weit unterlegen sind. Selbst wenn wir all unseren guten Willen zusammennehmen, fällt es uns manchmal schwer, unseren Mitmenschen Gehör zu schenken, wenn sie über ihre Probleme sprechen – weil wir mit unseren eigenen schon genug zu kämpfen haben –, oder uns in sie hineinzuversetzen.

Katzen verfügen über diese Kraft. Sie sind uns wohlgesinnt, sie spüren, wenn uns etwas auf den Magen geschlagen ist, und sie bemühen sich, uns zu beruhigen und zu beschützen.

Unsere Katze scheint unsere Probleme weitaus besser zu verstehen als ein schweigender Psychotherapeut. Mit ihren Blicken sagt sie uns immer wieder: »Auch das wird vorübergehen …«, und sie schafft es dabei, die emotionale Leere in unserem Inneren zu füllen.

In Sachen Empathie und Zuhören können wir viel von Katzen lernen, wir, die wir uns häufig nur mit uns selbst beschäftigen und kaum je eine helfende Hand oder ein offenes Ohr anbieten.

Wenn wir zuhören, geben wir genauso viel, wie wir empfangen. Und manchmal bemerken wir das gar nicht.

NUR WENN WIR ZUHÖREN KÖNNEN, WERDEN WIR AUCH SELBST GEHÖRT WERDEN; UND NUR WENN WIR GEBEN KÖNNEN, WERDEN WIR AUCH EMPFANGEN.

ZUM NACHDENKEN …

ALS DIE KATZE DIE
AUGEN ÖFFNETE,
DRANG DORT DIE SONNE EIN.
ALS DIE KATZE DIE
AUGEN SCHLOSS,
BLIEB DIE SONNE DARIN.
DAHER SEHE ICH AM ABEND,
WENN DIE KATZE ERWACHT,
IM DUNKELN
ZWEI STÜCKCHEN DER SONNE.

MAURICE CARÊME

Was also nun: Katze oder Pascha?

Leben wie eine Katze! – Die meisten Menschen, die mit Katzen zusammenwohnen, beneiden sie um ihre Art der Lebensführung und um ihre Fähigkeit zum Glücklichsein, und sie träumen oft davon, in ihrem Alltag das Verhalten von Katzen nachzuahmen und sich an ihrer Lebensanschauung zu orientieren.

Es den Katzen gleichzutun und so wie sie nur auf die Dinge zu achten, die uns Ausgeglichenheit, Wohlergehen, Genuss und spielerische Leichtigkeit verschaffen, und aus unserem Leben alles Belastende zu verbannen, ohne uns mit irgendwelchen Problemen herumzuschlagen … all das mag wie ein Traum erscheinen.

Doch wir können diesen Traum verwirklichen, wenn wir uns nur die Zeit nehmen, uns von Katzen die eine oder andere Verhaltensweise abzuschauen, was etwa die Selbstachtung angeht, unsere Beziehungen zu anderen Menschen und unsere Fähigkeit, das Wesentliche vom Unbedeutenden zu unterscheiden.

Katzen wissen von Geburt an, wie man es anstellen muss, um ein erfülltes Leben zu führen. In der Hinsicht können wir viel von ihnen lernen. Dieses Wissen kann man weder durch Unterricht noch durch das Studium philosophischer Schriften erwerben. Katzen bieten es uns einfach durch ihre Art der Lebensführung an.

Wir können uns jeden Tag aufs Neue davon inspirieren lassen, um die Beziehungen zu unseren Mitmenschen angenehmer zu gestalten, besser mit Stress umzugehen, loszulassen und wieder Vertrauen in uns selbst zu finden … all die Themen, denen wir im Zusammenhang mit den vierzig wichtigsten Charakterzügen von Katzen begegnet sind.

Jedes davon kann für uns ein Schlüssel sein und uns helfen, über unser Leben, das uns bisweilen entgleitet, wieder die Kontrolle zu gewinnen.

Wenn Sie keine Katze besitzen, hat es Sie vielleicht überrascht, dass in diesen Haarknäueln so viele Fähigkeiten stecken, so viele Kräfte, so viel Weisheit und so viel Leichtigkeit im alltäglichen Leben. Vielleicht haben Sie ja auch Lust bekommen, sich einen solchen Lebensgefährten zu suchen … Ich würde mich für Sie freuen, denn die Verbindung und der Austausch, die dann zwischen ihnen entstehen, werden eine große Bereicherung sein.

Und jetzt machen Sie es wie die Katzen und streben im Leben einzig nach Wohlergehen und Genuss!

Was also nun: Katze oder Pascha?

»Sowohl als auch!«, antwortet die Katze.

ZUM NACHDENKEN …

INDEM ICH DIESEN KLUGEN KATER BETRACHTE, FÄLLT ES MIR WIEDER SCHWER AUFS HERZ, IN WELCHEN ENGEN KREIS UNSERE ERKENNTNIS GEBANNT IST. – WER KANN ES SAGEN, WER NUR AHNEN, WIE WEIT DAS GEISTESVERMÖGEN DER TIERE GEHT!

E. T. A. HOFFMANN

Eine Katze hat immer das letzte Wort

Mein Herrchen ist ja manchmal wirklich ganz schön clever. Und manchmal kann er auch nerven. Aber ich mag ihn. Wir leben jetzt seit über zwölf Jahren zusammen, und er muss noch immer viel lernen, aber er hat Fortschritte gemacht.

Ich hoffe, die Schlüssel zu einem besseren Leben, die er euch nahegebracht hat, werden euch helfen, euren Alltag erfüllter zu gestalten und vor allem glücklich zu sein.

Es gibt noch so manche Geheimnisse, die ich gern mit ihm geteilt hätte, damit er sie an euch weitergeben kann, aber manchmal lässt er den Blick noch abwesend schweifen und hört nicht aufmerksam zu.

Und doch ist alles da, vor euren Augen und vor unseren Augen. Der Unterschied zwischen euch und uns Katzen besteht darin, dass wir alles sehen.

Seit der ägyptischen Antike, ja schon seit viel früherer Zeit, haben wir die Menschen immer auf ihrem Lebensweg begleitet und ihnen zur Seite gestanden. Dabei wurden wir bisweilen für unsere Weisheit verehrt, die heute ein wenig in Vergessenheit geraten ist.

Ich hoffe, dass ihr mithilfe dieses Büchleins jeden Tag ein wenig klarer sehen werdet.

Ich wünsche euch, liebe Menschen, nur das Beste – und dass euch ein Leben in unserer Gesellschaft bereichert.

Ziggy

Test

Ermitteln Sie Ihren Katzenquotienten (KQ)

Kreuzen Sie bei jeder Frage an,
wie sehr Sie der Aussage zustimmen.
(Aber immer schön ehrlich bleiben!)
(1 = trifft überhaupt nicht zu; 5 = trifft voll und ganz zu)

1. Ganz allgemein gesprochen: Fühlen Sie sich in Ihrem Leben frei?
KQ: 1 2 3 4 5

2. Finden Sie, dass Sie viel Ausstrahlung haben?
KQ: 1 2 3 4 5

3. Sind Sie eher ein ruhiger Typ?
KQ: 1 2 3 4 5

4. Können Sie sich im Kreis Ihrer Freunde und Familie und in Gesellschaft behaupten?
KQ: 1 2 3 4 5

5. Halten Sie sich für einen weisen Menschen, der auf Abstand gehen kann?
KQ: 1 2 3 4 5

6. Sind Sie in der Lage, an sich selbst zu denken? Für sich zu sorgen?
KQ: 1 2 3 4 5

7. Akzeptieren Sie sich so, wie Sie sind, mit all Ihren Stärken und Schwächen? Ganz allgemein gesprochen: Lieben Sie sich selbst?
KQ: 1 2 3 4 5

8. Sind Sie eher eine stolze Persönlichkeit? Zeichnen Sie sich durch hohe Selbstachtung aus?
KQ: 1 2 3 4 5

9. Haben Sie den Eindruck, oft im Zentrum der Aufmerksamkeit zu stehen?
KQ: 1 2 3 4 5

10. Sind Sie unabhängig vom Urteil der anderen?
KQ: 1 2 3 4 5

11. Sind Sie neugierig?
KQ: 1 2 3 4 5

12. Halten Sie sich für eine unabhängige Persönlichkeit?
KQ: 1 2 3 4 5

13. Besitzen Sie Selbstvertrauen?
KQ: 1 2 3 4 5

14. Verstehen Sie es, Aufgaben zu delegieren?
KQ: 1 2 3 4 5

15. Nehmen Sie sich die Zeit, zu leben und aus dem Vollen zu schöpfen?
KQ: 1 2 3 4 5

16. Passen Sie sich Veränderungen leicht an?
KQ: 1 2 3 4 5

17. Haben Sie es gern ruhig?
KQ: 1 2 3 4 5

18. Würden Sie sagen, dass Sie im Großen und Ganzen selbst aussuchen, mit wem Sie Umgang haben?
KQ: 1 2 3 4 5

19. Besitzen Sie die Gabe, sich auszuruhen?
KQ: 1 2 3 4 5

20. Können Sie Nein sagen – und tun Sie es auch?
KQ: 1 2 3 4 5

21. Vermeiden Sie regelmäßig Konflikte, so gut es geht?
KQ: 1 2 3 4 5

22. Lieben Sie Ihr Zuhause?
KQ: 1 2 3 4 5

23. Begegnen Sie Ihrem nächsten Umfeld mit grenzenlosem Vertrauen?
KQ: 1 2 3 4 5

24. Sind Sie der geborene Chef?
KQ: 1 2 3 4 5

25. Sind Sie beharrlich? Starrköpfig? Eigensinnig?
KQ: 1 2 3 4 5

26. Sind Sie grundsätzlich vorsichtig?
KQ: 1 2 3 4 5

27. Verspüren Sie ein vehementes Bedürfnis nach Liebe?
KQ: 1 2 3 4 5

28. Halten Sie sich für bedächtig?
KQ: 1 2 3 4 5

29. Wissen Sie in den meisten Fällen, was Sie vom Leben wollen?
KQ: 1 2 3 4 5

30. Trauen Sie sich ab und zu, andere um Hilfe zu bitten?
KQ: 1 2 3 4 5

31. Würden Sie sagen, dass Sie im Großen und Ganzen ein aufrichtiger Mensch sind?
KQ: 1 2 3 4 5

32. Neigen Sie dazu, die Welt im Stillen zu beobachten?
KQ: 1 2 3 4 5

33. Halten Sie in Freundschaften und Beziehungen die Treue?
KQ: 1 2 3 4 5

34. Ist Ihnen das Bild, das Sie nach außen abgeben, egal, und konzentrieren Sie sich auf das Wesentliche? Machen Sie sich nichts aus materiellen Gütern?
KQ: 1 2 3 4 5

35. Finden Sie, dass Sie spontan und natürlich sind?
KQ: 1 2 3 4 5

36. Beweisen Sie Demut, und sind Sie nachsichtig?
KQ: 1 2 3 4 5

37. Können Sie sich auch über Kleinigkeiten köstlich amüsieren?
KQ: 1 2 3 4 5

38. Wenn Sie sich im Spiegel betrachten, finden Sie sich schön?
KQ: 1 2 3 4 5

39. Fühlen Sie sich immer und überall wohl?
KQ: 1 2 3 4 5

40. Können Sie zuhören? Sich in den anderen hineinversetzen?
KQ: 1 2 3 4 5

Zählen Sie jetzt Ihre Antworten zusammen:

So oft haben Sie mit 1 oder 2 geantwortet:

So oft haben Sie mit 3 geantwortet:

So oft haben Sie mit 4 oder 5 geantwortet:

Testergebnis: Ihr persönlicher Katzenquotient

Denken und Handeln wie eine Katze – der Königsweg zu einem glücklichen Leben! Für manche Menschen kann dieser Weg allerdings ein wenig beschwerlich sein.

Werfen Sie nun einen Blick auf Ihre Testergebnisse:

* *Wenn Sie hauptsächlich 1 und 2 angekreuzt haben:* Besorgen Sie sich so schnell wie möglich eine Katze! Folgen Sie ihr auf Schritt und Tritt, denn Sie können eine Menge von ihr lernen, von ihrer Haltung, von ihrer Einstellung zum Leben. So kann sie Ihnen helfen, ein erfüllteres Leben zu führen.
* *Wenn Sie hauptsächlich 3 angekreuzt haben:* Sie sind ein Katzenjunges und haben noch viel Arbeit vor sich, befinden sich aber auf dem richtigen Weg.
* *Wenn Sie hauptsächlich 4 und 5 angekreuzt haben:* Herzlichen Glückwunsch, Sie sind eine ausgewachsene Katze!

Sehen Sie sich nun die Fragen des Tests noch einmal an. Wo Sie mit 1, 2 oder 3 geantwortet haben, lohnt es sich vielleicht, dass Sie sich mit dem entsprechenden Thema noch einmal beschäftigen. Möglicherweise können Sie ja mit »kätzischer« Hilfe die eine oder andere Neigung oder so manchen Mangel korrigieren.

Katzen besitzen von Natur aus zahllose Fähigkeiten und Talente. Viele davon haben wir in diesem Buch besprochen, und jetzt ist es an Ihnen, sie in aller Ruhe in Ihren Alltag zu integrieren und so zu einem ausgeglichenen Leben zu finden.

ZUM NACHDENKEN …

WARUM DAS LEBEN, DAS UNS SCHLIESSLICH NUR EINMAL GESCHENKT WIRD, NICHT MIT EINER KATZE VERBRINGEN?

ROBERT STEARNS

Der Autor

© Editions de l'Opportun

Stéphane Garnier wurde 1974 in Lyon geboren. Vom Toningenieur und Schreiner über den Maiglöckchenverkäufer und Ausleerer von Aschenbechern bis hin zum Blogger, Web- und Markendesigner hat er schon viele verschiedene Tätigkeiten ausgeübt. Vor allem aber schreibt er Romane, Novellen und unterhaltsame Sachbücher.
www.stephanegarnier.com